「各教科等を合わせた指導」と教科の考え方

知的障害教育現場での疑問や懸念にこたえる

名古屋 恒彦 著

教育出版

はじめに

二〇一七年からの特別支援学校学習指導要領（特支新指導要領）の改訂前後から、知的障害教育における「各教科等を合わせた指導」のあり方への関心がいっそう高まりました。

この関心の高まりの中身の多くは、特支新指導要領の下で、「各教科等を合わせた指導」をどのように実践していくのか、という不安や戸惑いでありました。

筆者は、その状況にこたえたいと考え、先に『わかる！　できる！「各教科等を合わせた指導」』（名古屋著、二〇一六年、教育出版）を出版しました。

そして、特支新指導要領が公示されて以降、とりわけ「各教科等を合わせた指導」における教科の考え方に関する、筆者へのお尋ねが、にわかに増加しました。

筆者は特支新指導要領の改訂準備段階から、その動向を学んでいましたので、その種の疑問や懸念が、現場で増えるであろうことは想定していました。

一方で、筆者は新指導要領全体が示す、「育成を目指す資質・能力」「主体的・対話的で深い学び」などの理念や方法に、知的障害教育が大切にしてきた理念や方法と相通じるものを強く感じ、新指導要領に希望をもってもいました。

その筆者の希望と、現場の疑問や懸念のギャップをなんとか埋めたいと、これまで努めてきました。

しかし、このギャップを埋めるには、普段の実践ではなかなか接することのない、知的障害教育の歴史を知る必要があることも感じていました。

我が国の知的障害教育が成立し、発展していく過程で、教科というものがどのように理解され、実践されていったか、その過程を知ることが、現在の現場での疑問や懸念にこたえる最適の方途であると考えました。

そこで、前著『わかる！　できる！「各教科等を合わせた指導」』の姉妹編として、本書を出版することとしました。本書は、現場目線で「各教科等を合わせた指導」の魅力を伝えるという視点は前著と変わりませんが、特に教科と「各教科等を合わせた指導」の関係に注目して全体を編みました。

本書は、第1章で、「各教科等を合わせた指導」の意義と現場での懸念事項を整理しました。懸念事項は筆者がこれまで対応してきた内容から六つに整理してあります。

第2章では、その懸念の回答に不可欠な、知的障害教育における教科と「各教科等を合わせた指導」の理解を歴史的な経過を追って検討します。

第3章では、歴史的な経過を踏まえ、知的障害教育が有する独自の教育課程構造である「教育課程の二重構造性」を検討します。

そして、第4章において、懸念事項への回答を通して、「各教科等を合わせた指導」実践の方向を提案します。

歴史的な内容も、込み入った歴史の事柄やその説明はできるだけ避け、教科や「各教科等を合わせた指導」の理解につながる内容で整理しました。努めて当時の実践者の声を掲載し、今の読者のみなさまにご自身のお考えを重ねていただければと考えました。

なお、やはり最後の最後には、筆者自身が理屈抜きの本音で感じる「各教科等を合わせた指導」の魅力を知っていただきたく、そのことを付章としてまとめました。

本書が、読者のみなさまの日々の実践や学びにおいて、今日の、そしてこれからの知的障害教育実践における教科と「各教科等を合わせた指導」のあり方を方向付ける一助になれば、感謝の思いです。

名古屋恒彦

二〇二一年十月

目次

第1章

新指導要領における「各教科等を合わせた指導」と各教科

1 「各教科等を合わせた指導」の意義の確認

二〇一七年四月、特別支援学校幼稚部教育要領及び特別支援学校小学部・中学部学習指導要領、二〇一九年二月には、高等部学習指導要領（以下、一括して「特支新指導要領」）では、「各教科等を合わせた指導」にかかわる記述が充実しています。筆者は、このことに対して、一定の留意をしつつ肯定的・積極的に受け止める立場を表明しています（『アップデート！　各教科等を合わせた指導』名古屋著、二〇一八年、東洋館出版社）。

筆者が、特支新指導要領における「各教科等を合わせた指導」の記述を肯定的・積極的に受け止める理由は、以下の二点です。歴史的な背景等の詳細は後章に委ね、ここでは簡潔に述べます。

一つは、通常の教育の新指導要領における教科観と指導観が、知的障害教育において大切にされてきた教科観と指導観に重なるものとなっていることです。「育成を目指す資質・能力」は、生きて働く力として教科をとらえています。このことは、自立を目指し、生活に生きる力として教科を理解してきた知的障害教育における教科と本質を一にするものと考えます。かつての通常の教育の「詰め込み教育」時代の教科は、学問的な系統性に傾斜して受け止められる側面が大きく、その点を改善するために、一九八〇年代から教科の見直しが進みました。その結実が、新指導要領が示す「育成を目指す資質・能力」に基づく教科観です。

その指導を方向付ける「主体的・対話的で深い学び」「教科等横断的な指導」などは、「各教科等を合わせた指導」において大切にされてきた方針と合致します。

通常の教育において、「詰め込み教育」につながる系統指導が一九五〇年代末以降、支持を広げていく中で、一九六三年に知的障害教育における養護学校学習指導要領が制定されました。この指導要領の下、生活に生きる教科、生活単元学習等の今日言われる「各教科等を合わせた指導」が明確に打ち出されたわけですが、これらは、当時の系統指導中心の思想の下、内容の「もれ・かたより」、指導の系統性の欠如など、さまざまな批判にさらされました。その中でも、知的障害教育関係者は、生活に生きる教科や生活単元学習等の指導を堅持してきました。そして時代は下って今日、通常の教育の教科や指導と合致するものとして評価されるに至っていることには、隔世の感があります。

二つは、特支新指導要領における「各教科等を合わせた指導」の記述の充実です。特支新指導要領には、以下の二つの記述があります（以下、特支新指導要領及びその解説の引用は、小学部・中学部学習指導要領とその解説によります）。

「知的障害者である児童又は生徒に対する教育を行う特別支援学校において、各教科、道徳科、外国語活動、特別活動及び自立活動の一部又は全部を合わせて指導を行う場合、各教科、道徳科、

イイですヨ　自然ですネ
各教科等を
合わせた指導

外国語活動、特別活動及び自立活動に示す内容を基に、児童又は生徒の知的障害の状態や経験等に応じて、具体的に指導内容を設定するものとする。また、各教科等の内容の一部又は全部を合わせて指導を行う場合には、授業時数を適切に定めること。」（総則）

「個々の児童の実態に即して、教科別の指導を行うほか、必要に応じて各教科、道徳科、外国語活動、特別活動及び自立活動を合わせて指導を行うなど、効果的な指導方法を工夫するものとする。その際、各教科等において育成を目指す資質・能力を明らかにし、各教科等の内容間の関連を十分に図るよう配慮するものとする。」（各教科）

総則の記述は、二〇〇九年告示の特支指導要領からほぼ同様の記述がなされました。特支新指導要領では、「授業時数を適切に定めること」が加えられています。各教科での記述は新設です。

新たに二か所の記載となったことは、「各教科等を合わせた指導」への関心の高さを示すものと考えられます。また、前記の各教科での引用には、「各教科等を合わせた指導」を「効果的な指導方法」としています。特支新指導要領の解説でも、「各教科等を合わせた指導」を「効果的」とする記述のほか、「知的障害者である児童若しくは生徒を指導する場合には、各教科、道徳科、外国語活動、特別活動及び自立活動の一部又は全部について合わせて指導を行うことによって、一層効果の上がる授業をすることができる場合も考えられる」という記述もみられます。「各教科等を合わせた指導」の有効性が明記されているといえます。

以上の二点から、筆者は、特支新指導要領における「各教科等を合わせた指導」の記述を肯定的・積極的に受け止めています。とくに一点めの教科観と指導観の共通性は、「各教科等を合わせた指導」のみならず、これまでの知的障害教育実践を、大いに勇気づけるものと考えています。

2　懸念事項は何か

しかしながら、特支新指導要領公示前後から、「各教科等を合わせた指導」を実践する現場からは、懸念の声があがっており、筆者も直接その声を耳にすることがしばしばです。

以下、それらの懸念を整理してみます。

①知的障害教育教科の独自性の希薄化

特支新指導要領は、通常の教育の新指導要領と各教科の目標及び内容の示し方や表現を基本的に揃えています。「育成を目指す資質・能力」に即して項目を整理するとともに、各教科の具体的な目標や内容の表現も可能な限り、共通化しています。前述のように、知的障害教育の指導要領では、一九六三年の制定から、独自の教科を有しています。それは内容の独自性もさることながら、表現も独自であり、生活に生きるという趣旨を強調してきました。それらの独自性が、通常の教育の各教科と示し方や表現を揃えることで希薄化したことへの懸念です。この懸念は、より本質的には、知的障害教育の教科が、通常の教育における系統主義的な教科に変質するという、教科観の変質への懸念でもあります。

②「教科別の指導」中心への移行

前述の特支新指導要領の引用には、「個々の児童の実態に即して、教科別の指導を行うほか、必要に応じて各教科、道徳科、外国語活動、特別活動及び自立活動を合わせて指導を行うなど」とあります。特に「教科別の指導を行うほか、必要に応じて…合わせて指導を行うなど」という表現から、指導の基本は「教科別の指導」であって、必要に応じて「各教科等を合わせた指導」を行うと読めます。また、二〇〇九年告示の特支指導要領の解説で、「各教科等を合わせた指導」の後に「教科別の指導」の解説があったのに対し、特支新指導要領の解説では、「教科別の指導」の解説が先になされている等の変更がなされています。

それに対して、知的障害教育では、伝統的に、「各教科等を合わせた指導」を主軸に展開するという考え方を指導要領の解説等で示してきました。この考え方の変更があるのではないか、もっと言えば、「各教科等を合わせた指導」の実践は縮小されるのではないかという懸念です。

③合わせる各教科等の内容の明示化

特支新指導要領の総則に「各教科、道徳科、外国語活動、特別活動及び自立活動に示す内容を基に、児童又は生徒の知的障害の状態や経験等に応じて、具体的に指導内容を設定する」とあります。この記述は、二〇〇九年告示の特支指導要領にも見られるものですが、特支新指導要領の解説（総則編）では、「各教科等を合わせて授業を行う際には、児童生徒の障害の状態や特性及び心身の発達の段階等を考慮し、一部なのか、全部なのかについて十分検討をする必要がある。また、各教科等の目標及び内容に照らした学習評価が不可欠である」とされています。つまり、「各教科等を合わせた指導」を行う場合、各教科等のどの内容を合わせているのかを検討することが求められていると読むことができます。

それに対し、「各教科等を合わせた指導」は従前より各教科等に「分けない指導」（一九八九年告示の養護学校指導要領の解説等）という理解が示されていました。この理解に立てば、「各教科等を合わせた指導」は各教科等に分かちがたい生活を指導内容とするので、各教科等の何を合わせるかという議論はなじみません。まして「一部なのか、全部なのか」という議論は、「分けない」ということを全部を合わせることと解してきたことと真っ向から対立すると見られ、これまでの「各教科等を合わせた指導」の内容理解の変質が懸念されるわけです。

④各教科等の授業時数の明示化

このことへの懸念は、基本的に③に含まれるものなのですが、特支新指導要領において、「授業時数を適切に定めること」が新たに示されたことに伴い、特に関心がもたれていると考えられます。特支新指導要領の解説（各教科等編）には、「指導に要する授業時数をあらかじめ算定し、関連する教科等を教科等別に指導する場合の授業時数の合計と概ね一致するように計画する必要がある」とされています。

ここでは、総合的な指導を行う中で、教科等ごとに授業時数をあらかじめ算定して、合計するということが可能か、あるいは妥当かということが懸念されています。まして、「各教科等を合わせた指導」を「分けない指導」と考える場合、教科等ごとの授業時数を合計して全体の授業時数とすることへの懸念は大きくなります。

⑤各教科等による学習評価

このことにかかわる懸念も、③に属するものと言えますが、新指導要領の下で、学習評価の重要性が改めて強調されていることと、前述の特支新指導要領の解説（総則編）にある、「各教科等を合わせて授業を行う際には、（中略）各教科等の目標及び内容に照らした学習評価が不可欠である」という記述等によって、いっそう意識されているところです。

「各教科等を合わせた指導」は、これを「分けない指導」と意味づける場合、未分化で総合的な生活そのものに取り組み、その課題・目標等を成就することをもって学習評価としてきました。そのような「各教科等を合わせた指導」に対して、各教科等別に学習評価を行うことで、本来の評価が損なわれてしまうのではないか、あるいは生活が教科等ごとに分割されてしまうのではないか、という懸念です。

⑥観点別評価の実施

新指導要領の下で、新たな観点別評価の必要性が強調されたことにかかわる懸念です。

二〇一九年一月には、中央教育審議会初等中等教育分科会教育課程部会から、「児童生徒の学習評価の在り方について（報告）」が出されました。この学習評価報告では、観点別評価を、「知識・技能」「思考・判断・表現」「主体的に学習に取り組む態度」の三観点で行うこととしています。この報告では、知的障害教育における学習評価について、「知的障害者である児童生徒に対する教育を行う特別支援学校の各教科においても、文章による記述という考え方を維持しつつ、観点別の学習状況を踏まえた評価を取り入れることとする」とされています。

観点別評価は、小学校や中学校では一般的なものですが、従前、「各教科等を合わせた指導」で観点別評価は、ほとんど行われてきませんでした。特に、観点「別」に評価することで、前述の教科等別の評価同様に、「各教科等を合わせた指導」が活動や評価が分割されてしまうのではないかと懸念されます。

3 懸念の本質は何か

以上六点を、ここでは特支新指導要領告示に伴う「各教科等を合わせた指導」を実践する現場からの懸念として整理してみました。

これらの懸念は、つきつめて考えてみますと、いずれも以下の二つの理解にかかわっていると、

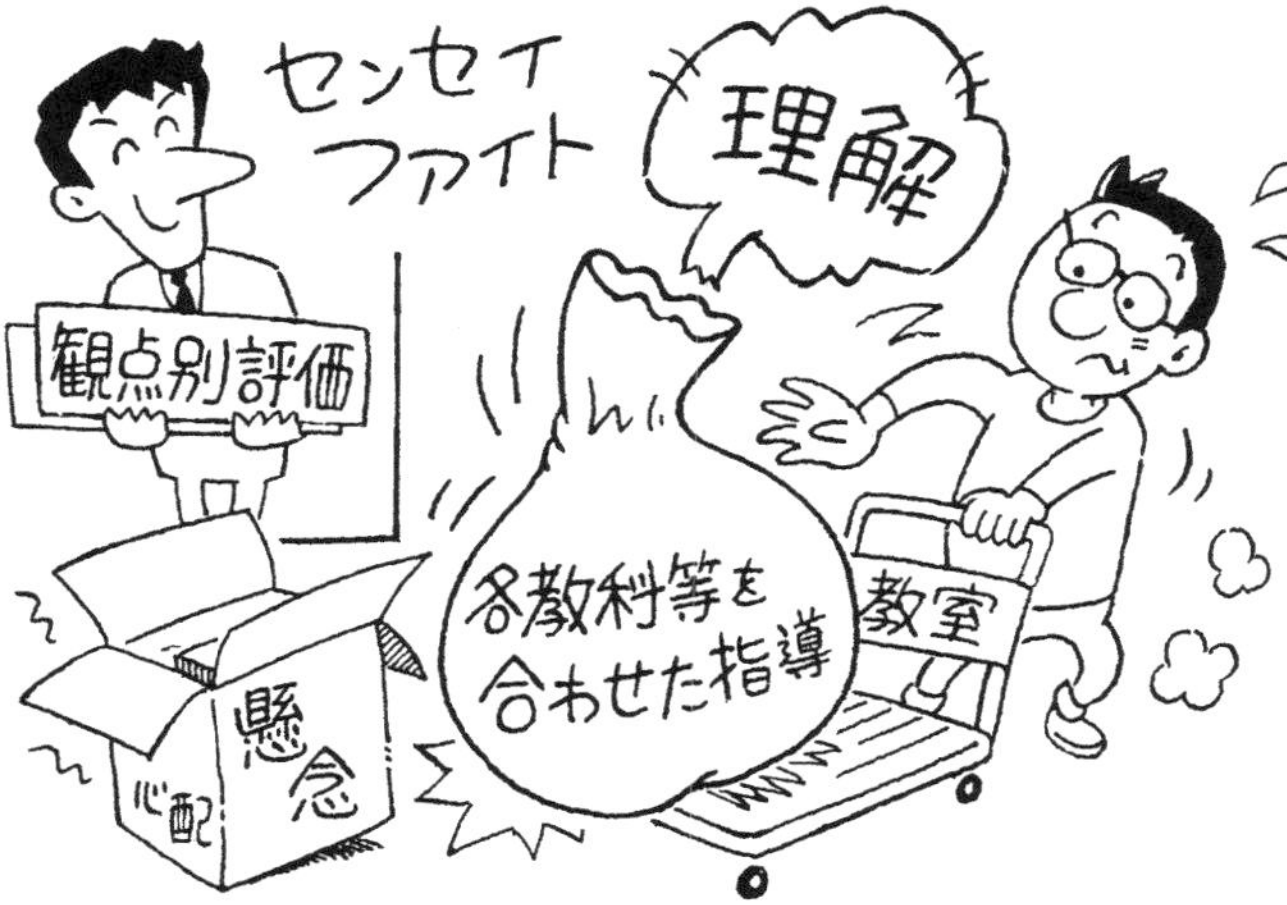

筆者は判断します。

一つは、「各教科等を合わせた指導」を実践する上で、各教科等、とりわけ教科をどのように理解するかということ。知的障害教育における教科とはどのように理解されるものなのか、さらには、一つめのことともかかわりますが、その教科は、「各教科等を合わせた指導」の中でどのように意味づけられるのか、ということが問題となります。

もう一つは、そもそも「各教科等を合わせた指導」をどのように理解するのか、ということ。とりわけこれを、各教科等に「分けない指導」として理解するか否かで、懸念の範囲も深度も変わってきます。

これら二つの理解のありようが、特支新指導要領告示に伴う「各教科等を合わせた指導」実践への懸念に深くかかわっていると考えています。

教科をどのように理解するか、「各教科等を合わせた指導」をどのように理解するか、ということは、我が国における知的障害教育の歴史において、さまざまな議論を呼んできたのは事実です。時には激しい、時には不毛ともいえる議論が行われてきました。一方で、議論の過程で、知的障害教育における教育内容、教育方法の理解が整理されてきたことも見逃すことはできません。今日懸念される以上六点も、我が国の知的障害教育史の過程で蓄積されてきたこれらのさまざまな議論と無関係ではありません。

4 知的障害教育の歴史から懸念の回答を見出す

そこで、次章では、我が国の知的障害教育の歴史の中での教科、「各教科等を合わせた指導」にかかわる理解を確認します。筆者はすでに、「各教科等を合わせた指導」の意義を歴史的に理解する試みを何度か行ってきました（『わかる！　できる！「各教科等を合わせた指導」』名古屋著、二〇一六年、教育出版。『「各教科等を合わせた指導」エッセンシャルブック』名古屋著、二〇一九年、ジアース教育新社）。

今回は特に、教科論との関係で「各教科等を合わせた指導」を歴史的に考え、「各教科等を合わせた指導」の実践にあたっての懸念への回答の手がかりを探っていきます。そのため、歴史的などきごとの紹介やそれらに関連するいきさつなどの記述は極力割愛し、教科や「各教科等を合わせた指導」の理解にかかわる内容を紹介します。教科や「各教科等を合わせた指導」の動向は、歴史の過程で多様かつ豊かですが、特支指導要領におけるこれらの理解の成立に焦点を絞ってまとめます。

また、これらに関するそれぞれの時代の生の声を、なるべく取り上げるようにします。中には七十年ほど前の言葉もありますが、さまざまな懸念の中にある今の読者のみなさまにとって、時代を超えて共感していただける言葉が少なくないと考えるからです。

知的障害教育における教科及び「各教科等を合わせた指導」の成立経緯やあり方を歴史的に検討していくことで、前述の六点の懸念への回答を探る手がかりを得ることができると考えています。

第2章

知的障害教育の歴史から見る教科と「各教科等を合わせた指導」

1　戦前の知的障害教育と教育内容・教育方法

文部省が一九七八年に刊行した『特殊教育百年史』によれば、我が国の知的障害教育は、一八九〇年に長野県松本尋常小学校に設置された「落第生学級」の設置をもってその発足とされています。この学級は、松本尋常小学校における能力別学級編制の最下位に位置する学級で、その学級に知的障害のある子どもが所属していたとされます。この学級編制は学力に応じて行われたもので、その学力は通常の教育における教科によるものでした。

その後、明治後半期にかけて各地に同様の学級が設置されますが、そこでの教育の内容・方法は、通常の教育における「教育課程の程度を下げ懇切丁寧に教えることが中心であったようである」とされています（文部省、一九七八）。つまり、我が国の知的障害教育は、発足の段階においては、通常の教育における教科をそのまま採用し、指導するという方法がとられていました。

一九三九年に東京市役所で作成された「補助学級ニ於ケル算術科指導要目」には、卒業するまでに、通常の学級の子どもの「二分ノ一、即チ第三学年程度ノ学力ヲ修得スレバヨイ」とされています。ただし、「実際的指導方針」には、「直接実際生活ニ役立ツヤウニ指導スルコト」とされ、生活に必要な力としての教科という戦後の知的障害教育の方針に通じる記述も見えます（東京市役所、一九三九)。

とはいえ、戦前においては、通常の教育における教科の内容を、子どもの知的能力に合わせて指導するという方法が主にとられていたことは、資料から明らかです。この方法は、戦後初期の知的障害教育にも引き継がれることになります。

2 戦後初期の知的障害教育の教育内容・教育方法

敗戦後、一九四七年に学校教育法が施行、知的障害のある子どもを教育する養護学校、特殊学級が制度化されました。当初は特殊学級を中心に実践が開始されました。

最初期の知的障害教育は、物理的条件の厳しい中、優れた実践者たちを得て開始されました。しかし、その実践は、戦前の財産を引き継ぐかたちで、通常の教育における教科を、子どもの知的能力に応じて指導する方法がとられました。新しい制度の下とはいえ、敗戦後のきわめて厳しい環境下では、新しい教育を構想する余裕がなかったのです。

教師たちは通常の教育の教科を、ていねいに時間をかけて指導しました。その結果、この方法は一定の成果をあげることができました。しかし、知的障害という障害特性から、どうしても小学校の教育課程を修了することはできません。

そのような限界や課題に直面し、この方法は、学習時間という量は目いっぱい使い指導をするものの、実際に身につく学習内容の量は少ないことから、実践者たち自身によって、「水増し教育」と自己批判されるようになりました（小出、一九七九）。少ない学習内容を、時間という量では長く指導する（少ない量を水で薄めて多くする）からです。

実践者たちは、時間をかけても教育課程を修了できない「水増し教育」を反省し、望ましい教育を模索するようになります。

なぜ、「水増し教育」に陥ってしまったのか、と実践者たちは自問しました。その答えは、明確な教育目標の不在でした。敗戦後の余裕のない状況で、知的障害教育の目標を考える余裕のない中で、通常の教育の方法をそのまま行うほかなかった現実がそこにはありました（名古屋、二〇一六）。

3 教育目標「自立」に基づく教育内容・教育方法の模索

戦後の混乱期という状況下での知的障害のある子どものための教育目標を、実践者たちは模索します。その結果、厳しい社会の中で、知的に障害があってもたくましく生きていかれるようにという願いにたどり着きます。こうして、教育目標「自立」が明確化します。

国立教育研修所の三木安正先生の尽力により同研修所の実験学級として誕生し、戦後初期の知的障害教育をリードした東京都品川区立大崎中学校分教場では、一九四七年の開設当初から、「その教育は生活と生産に直結するものでなければならない」という教育方針が掲げられました（東京都立青鳥養護学校、一九五七）。

もとより、教育目標が定まってこそ、教育内容も、教育方法も定まるものです。明確な目標の下、望ましい教育内容・教育方法が模索されました。

大崎中学校分教場は、一九五〇年に東京都に移管され、東京都立青鳥中学校として再スタートをきりますが、その時点で、「各科能力要素表」という教育内容表を、国語、算数などの教科別に作成しています。この「各科能力要素表」については、次のように説明されています。

「教室の手狭まさもあり、各教科の一斉指導が多かったが、『その能力に応じて』という趣旨を徹底させるために、主要教科をさらに四乃至五分野に細分し（例えば算数では、計算、測定、時間、金銭、珠算）、それを程度別に低・中・高の三段階、したがって算数では十五のグループ編成を作るという各教科において子供が絶対に落ちこぼれない態勢をとり、そのためには各科能力要素表の細案を作成し、九月にはそれらを組織体系化したスケールの作成を行った。但しこの教科の細分は、あくまでも子供の社会生活に合致するようにとの趣旨でユニークな組立てであった。」（東京都立青鳥養護学校、一九六七）

子どもの社会生活での自立を目標とし、子どもの社会生活に合致する教育内容の把握を目指しましたが、それらはあくまで既存の教科の枠内で整理されたものでした。しかし、教科によって生活に必要な内容を整理していこうという姿勢は、その後の養護学校指導要領や、現在の通常の教育も含む新指導要領全体の考え方に通じるものということができます。また、以上の引用から、これらの内容は、通常の教育と同様に、教科別に指導されていたこともわかります。

ただし、教育内容としての教科、教育方法としての「教科別の指導」、というのは、いわゆる系統主義教育における、知識・技能の習得を目標とした教育内容論・方法論であり、かつ知的障害のない子どもを対象として成立・発展してきたものです。その意味で、知的障害のある子どもの生活の自立を目指すという目標論にふさわしい内容・方法であるとは、直ちに考えることができません。このことは、その後、系統主義教育を反省し、「生きる力」を養う「主体的・対話的で深い学び」「教科等横断的な指導」が主張される今日から見れば、歴史も支持するところです。まして、「生活と生産に直結する」となれば、やはり既存の教育のスタイルにこだわらない発想が求められ、実践者たちの模索が続くことになります。

4 「バザー単元」

この模索の過程で、東京都立青鳥中学校では、一九五一年に「バザー単元」が実施されます。この単元は、その後の生活単元学習や作業学習の原型となる画期的なものでした（名古屋、二〇〇八）。この実践を通して、教育内容・教育方法のとらえ方に、これまでの実践とは異なる見解が示されました。

「バザー単元」は、青鳥中学校の校舎移転に伴う備品購入のためのバザーを目標とした、約四ヶ月にわたる大規模な単元でした。この単元の「指導上の注意事項」には、「この単元は・全面的生活カリキュラムである・最も長期にわたる・生活カリキュラムとしても非常に広範囲にわたるし、全ての生活、学習経験を含有している」と述べられています（東京都立青鳥養護学校、一九六七）。つまり、単元の全活動の中に、教育内容としての「全ての生活、学習経験を含有している」と仮定したのです。

そして実際に単元開始に際し、教師からは、生徒たちに対して、「これからの勉強はみんなバザーをやることの中にとけこんでいる」という言葉が投げかけられました（東京都立青鳥養護学校、一九五七）。

これは、教科の存在を前提にしていたこれまでの教育における教育内容論と大きく異なるものです。

青鳥中学校では、知的障害のある子どもにふさわしい教育内容を検討していましたが、その方法は、「各科能力要素表」のように、教育内容を教科で示すという前提は、既存の教育に即していました。教科という枠組みで、教育内容を分析・整理する作業が前提となっていました。

しかし、「バザー単元」では、教育内容は、活動全体の中に溶け込んでいる、―未分化なかたちで含まれている―と仮定されました。教科の内容も含み込みながら、生活そのものの中に、生活に必要な力、「全ての生活、学習経験」が含有されていると考えられました。未分化で豊かな経験を含む生活そのものが教育内容ということができます。したがって必然的に、教育計画において、内容の分析や整理は関心の外に置かれました。教科の枠組みを取り払い、活動全体を内容として理解したのです。

そして、この教育内容理解は、自ずと教育方法にも新しい道を拓きます。

「バザー単元」の期間中は、教科別に授業をすることを止め、夏休みも返上して、バザーのための活動に取り組んだといわれます。活動自体も教科の枠組みを取り払って行われたのです。

「バザー単元」の実践は、子どもにとっても、生徒にとっても、大きな手応えを残しました。

そして、その考え方は、各地の知的障害教育実践に波及し、知的障害教育における教育内容・教育方法面での脱教科を促すことになります。

青鳥中学校と時をほぼ同じくして、一九四七年に新潟市立舟栄中学校に特殊学級が設置されました。この学級の初年度の生徒数は六十一人です。今日では考えられない「すし詰め」の学級でした。その担任をした中村與吉先生は、初年度を振り返って次のように述べています。

「指導目標であるが、第一年度には、兎に角国語や数学等の各教科の出来ない者を出来るようにしようという面が非常につよかった。（中略）しかし、過ぎてきた一ヵ年を振り返ってみて、そこに私は大きな矛盾を感じたのである。というのは、一方に於て遅滞児という者を対象として置きながら、他方で中学校一年生の学力をつめこもうとする点である。それは、一合入の袋に一升の豆を入れようとするのと同じだと気づいたのである。能力に応じて学習させるといいながら、実際はその主旨にそっていなかったのである。私もまた『中学校』という名前や教科書に未練が残っていたのであろう、知らず知らずの中につめこみ主義に舞いもどって『はっ』と気ずく事が度々であった。

そこで指導の目標を単に字を教えたり、計算を教えたりするばかりではなく、『社会生活能力の最低限度を確保しよう』という点においたのである。」（中村、一九五二。旧字体を改めた以外は原文どおり）

既存の教科の内容から脱却し、「社会生活能力」を内容とする方針転換を読むことができます。

加えて、「単に字を教えたり、計算を教えたりするばかりではなく」とあるように、教科の内容も否定するのではなく、社会生活能力として再検討する視点もみられます。

そしてこの述懐全体を通じて、既存の教育を脱却する難しさ、知的障害のある子どものための教育を追究することの難しさがうかがわれます。

なお、小出進先生は、当時の教育内容を、自立を目指すものであることを明示して「自立的生活力」と称しています（小出、一九七九）。

実践者たちは苦しい模索の中から、自立という教育目標を目指し、既存の教育へのこだわりから脱し、自立の実現にふさわしい内容・方法を、つかみ取ったのでした。

なお、「バザー単元」が採用している「単元」という方法論は、いわゆる経験主義教育における生活単元学習等に由来します。当時の日本の教育は、米国から紹介された経験主義教育の影響を強く受けていました。知的障害教育もその影響下にあったのです。

5 理論的根拠としての米国経験主義教育

知的障害のある子どもに最適な教育を目指す努力は、教科中心の系統主義教育からの脱却というかたちで具体化されました。この努力は、前述のように現場の実践者たちの日々の模索に帰されるべきものですが、一方で、戦後初期の我が国の教育を方向付けた米国経験主義教育の影響を見逃すことができないとされています（小出、一九七九）。

連合軍総司令部に置かれたＣＩＥ（民間情報教育局）による学校教育への指導は、敗戦後の我が国における教育の再スタートに大きな影響力を発揮しました。知的障害教育においても例外ではなく、大崎中学校分教場等も、ＣＩＥの指導による研究会場とされたといいます（大庭、一九六九）。また、当時の文部省が開催した講習会も、ＣＩＥの強い指導を受けました。ＣＩＥによって紹介された米国経験主義教育は、教科内容習得を目標とする教育に行き詰まっていた知的障害教育の教育現場に理論的な方向性を示すものでした。

一九五一年度に開催された文部省による特殊教育研究集会では、ＣＩＥから提供された資料が翻訳・紹介されています。この資料は、翌一九五二年に刊行され、知的障害教育に大きな影響を与えた『できない子供のカリキュラム』（マーテンス編、三木安正・外林大作訳、牧書店）の原書である〝Curriculum Adjustments for the Mentally Retarded〟の抄訳でした。この資料には、次のような記述があります。

「(1)　遅滞児の教育根本原理はすべての子供達のためのものと異なるところはない。すべての教育の基本的目的は子供が賢明に生活し、彼等の環境の中でうまくやって行けるように教えることである。

（２） 遅滞児の場合この教育の基本的目的を実現するためには次のようなカリキュラムの調整が必要である。（Ａ） 個人の能力、その限界及び興味に合つた教育であること。（Ｂ） 何等かの世間的な仕事に参加する教育であること。（Ｃ） 健康な生活と健全な社会的経験をさせるための教育であること。」（文部省初等中等教育局、一九五一）

この記述から読み取れる教育目標論は、米国経験主義教育の教育目標を教育全般に適用し（１）、その上で、知的障害のある子どもの教育目標として具体化しています（２）。ここであげられた教育目標は、子どもの能力と子どもの社会生活を踏まえた目標設定をしており、「水増し教育」に限界を認識していた知的障害教育実践者による教育目標転換の視点と共通するものでした。加えて、ＣＩＥによる現場での実地の指導は、実践者たちに具体的な方法を示すことにも大きく貢献したと考えられます。

米国経験主義教育の大きな流れは、十九世紀末から二十世紀前半にかけてジョン・デューイによってかたちづくられたことは周知のところです。経験主義教育は従来の教科中心主義、系統主義教育が支配する教育界に新たな選択肢を提供しました。同時に本国アメリカにおいて両者の競合と対立を生みました（長尾、一九九一）。デューイの思想は、戦前から日本に紹介されましたが、同時に本国における経験主義教育と系統主義教育の競合・対立図式も、「生活教育論争」（川合、二〇〇〇）等と称されるかたちで我が国の教育界に引き継がれました。「生活か、教科か」「経験か、系統か」の論争は、二十世紀の教育界の一つの大きな論点であったということができます。

戦後日本の教育界では、一九五〇年頃からこの論争が再燃し、結果的に系統主義教育への転換が図られることになりますが、知的障害教育においては、「バザー単元」の成功や実践現場の本音の手応えとして、経験主義教育が支持されていくことになります。特に我が国の知的障害教育では、この思潮は、「生活主義教育」「生活中心教育」などといわれるようになります。

6 生活主義教育の徹底と脱教科

以後、知的障害教育は、一九六〇年代前半期にかけて、生活主義教育を基本理念とし、生活単元学習等を中核とした実践を全国的に展開していきます。この動向は、教科に対して、内容論的にも方法論的にも、「脱教科」「教科に対する全面的否定的態度」と表現されるものでした（小出、一九七九）。

このことに関して、文部省初代特殊教育室長として戦後の知的障害教育の発足を行政面から主導した辻村泰男先生は、次のように述べています。

「知的障害教育が、通常の小・中学校の通常の学級で行われてきたいわゆる教科的な指導方式では、十分な効果をあげられるものではないこと、知的障害のある子どもの精神的特性に即した、いわば生活学習的な指導方式こそが最も適切な指導方法であることは、三木安正氏らの従来の実践的研究を通して広く承認されてきたところである。

戦後、わが国の知的障害教育は、こういう考え方で再発足し、この考え方は、特殊教育行政上の指導的な思想ともなっていた。

しかしながら、学校教育は、それが制度して発足してからこのかた教科学習の方式をとってきている。児童・生徒に与えられるべき知識・理解内容をいくつかの領域に分け、これを学科とか教科とかと読んで、その教科の枠で区切った内容を、それぞれ独立に学習させる、いわゆる教科学習の方式が学校教育の本質なのである、という考えは実に根深く、これを打破することは非常に困難な状態であった。

だから、知的障害教育の新しい方式を普及するためには、何といっても、この既成の観念を根本から払拭することが必要であったのである。

それゆえ、あらゆる機会に、学問的立場からも、実際の経験者の立場からも、また行政指導者の立場からも、教科主義は集中的な攻撃を受け、教科主義者と呼ばれることは、この世界では背教者としての烙印を捺されることを意味するほどの情勢であった。

これは必要なことであった。このくらいの雰囲気が、意識的に作り出されなければ、一世紀にも近い伝統的な考え方に対抗することは不可能だったのである。」（辻村、一九六九。一部の表現を今

日的表現に改めました）

文中の三木安正先生は、前述の大崎中学校分教場の設置を主導した他、東京大学教授、全日本特殊教育研究連盟初代理事長、一九六三年の養護学校学習指導要領の作成委員長などを務め、日本の戦後知的障害教育の基礎をつくった中心人物です。辻村泰男先生も行政の立場から三木安正先生と協力して、知的障害教育の基礎をつくり、その発展に大きく貢献しました。その辻村泰男先生が、「教科主義者と呼ばれることは、この世界では背教者としての烙印を捺されることを意味するほど」というのですから、当時の教科への否定的態度は察するにあまりあるものがあります。

青鳥中学校は一九五七年に東京都立青鳥養護学校となっています（文部省、一九七八）が、一九五九年度に音楽、図工、体育の指導時間が特設されるまで、教科別の指導時間を設けていませんでした。このことも、当時の生活主義教育の徹底とその反動ともいえる脱教科の姿勢の表れということができます。

7　脱教科の本質を考える

しかし、ここで留意すべきことは、当時（一九五〇年代から一九六〇年代前半期）の脱教科の姿勢が、教師の意識や生活主義教育を標榜する知的障害教育界の意思表明としては肯定されるとしても、実際の授業の中で完全に否定されていたわけではないということです。

「バザー単元」が示した教育内容・教育方法の意識の転換は、学校教育における系統主義教育とは異なるもう一つの選択肢としての経験主義教育を、知的障害教育が実践的に選択したことを意味します。そのような実践では、教育内容を教科のように分析的に把握するのではなく、教科に分かちがたい生活総体としてとらえ、教育方法を教科別に分けない総合的な生活学習としてとらえることになります。

「バザー単元」に実践者として参加していた山本普先生は、『精神遅滞児の生活教育』という図書の中で、知的障害のある子どもの教育について、次のように述べています。

「(前略)できるだけ彼等が社会に出た時にぶつかるであろうような、生の経験を味わわせそれによって、彼等自身が必要な知識技能を体得するような方向にもっていく必要がある。従って『これは理科』『これは算数』などと、取り出せないことになるのである。」(山本、一九五一)

この論は生の経験の中から理科や算数の内容は取り出せない、つまり分かちがたく含まれているという点で、「バザー単元」の考えに合致するものといえます。しかし、「取り出せない」ということは、「含まれていない」「指導されていない」ということを意味しません。事実、山本普先生も、この記述の後に、「カリキュラム(引用者注:総合的なカリキュラムつまり生活カリキュラムをさします)の中に、理科的なものとしては、これだけのことは含ませてもらいたい」として、知的障害教育における理科の内容を論じています。つまり、教科の内容自体は、決して否定されていないのです。

山本普先生は、理科の内容について、次のように述べています。

「われわれの生活経験の中では、純粋な理科的経験というものはあり得ない。従って、これは他の学科についてもいえることであるが、社会に出て、すぐ役に立つような経験をもたせるためには、学級におけるカリキュラムがなるべく社会における と同様に、すべての学科に渉って綜合的に組立てられることが最も望ましい。」（山本、一九五一）

「生活経験の中では、純粋な理科的経験というものはあり得ない」という言葉は、今日的にはいささか刺激的です。「そう断言してよいものか、理科の教科書には生活の中での理科の事象がたくさん紹介されているではないか」と反論したくなります。

しかし、これは、かつての学問的・系統的な教科を反省し、改善されてきた今日の教科を知る私たちの発想です。山本普先生のこの言葉は、当時の、生活に直結しない学問的な傾向が顕著な理科の内容を問題にしているという、時代状況を踏まえた発言であることを忘れてはいけません。

実生活の中での理科的経験は、学問的な内容として純度を高くして存在しているのではなく、生活の文脈の中に未分化に結びついて存在しているわけです。

見方を変えれば、山本普先生が想定しているいわば純粋ではない理科的経験、つまりそれは、生活の文脈の中で機能している理科の内容ですが、そのような内容こそ、今日の社会の中で生きて働く教科としての理科の内容に合致しているものであったとみることもできます。その意味では、山本普先生の主張する理科の内容は、今日の新しい教科観を先取りする内容であったともいえます。

そしてさらに、そのような意味での理科を、「社会におけると同様に」、実際の生活の中で、他の活動と分離せずに総合的に指導していくという方法論を述べているわけです。

また、長崎県北松浦郡口石小学校の近藤益雄先生は、前述の山本普先生と同じ図書の中で、国語における「書くこと」の指導方針として、次のように述べています。

「私はまず文字を書くことから言葉を書くことへ、言葉を書く仕事から文を書く仕事への、たどたどしい学習を国語学習とし、わけても作文の指導としては、『手紙』を大きく取り上げ、その学習によって、私は文を書く力をやしなおうと考えた。」(近藤、一九五一)

近藤益雄先生は、国語の指導時間を設けて、国語教育を生活に根ざして行うことの重要性を教えています。このことは、今日の「教科別の指導」のあり方を先取りする重要な論点です。

山本普先生、近藤益雄先生の発言が、期せずして「バザー単元」が実施された一九五一年であったことも生活主義教育と教科の関係を考える上では印象的な事実です。生活主義教育が、その徹底を図る過程で脱教科を図りつつも、教科そのものを否定しているわけではないことを示しているように筆者には考えられます。

我が国における生活主義教育は、デューイの経験主義教育のひとつの具体化と考えられます。経験主義教育が、系統主義教育とは異なる学校教育の選択肢である以上、生活主義教育の徹底が、脱教科の理論（教科によらない教育内容理解はその一つ）と実践（教科別ではない総合的な生活学習はその一つ）を必然するのは当然です。特に二十世紀は、経験主義教育と系統主義教育の対立が鮮明な時代でもありました。

これらを背景にして、生活主義教育の実践は、教科の全面的否定という先鋭的な見え方を示したのは、必然であったと考えます。

しかし同時に、生活の中に存在し機能している教科の内容を認め、かつその教科は当時の系統的な教科ではなく、生活の自立を目指した教科と考える教科観は対立的にではなく、生活主義教育の中に存在していたとみることができます。

同様に、教科別に指導を行うことも、生活の自立を目指し、生活に生きる力として指導するという点で認められていたことも指摘できます。

8 杉田裕先生の教科観

大崎中学校分教場担任として「バザー単元」を実践すると共に、学級を生活主義教育の理念で方向付けたのが、杉田裕先生です。杉田裕先生は、後に東京教育大学助教授として戦後知的障害教育の理論・実践両面を先導する活躍をしました。一九六三年の養護学校学習指導要領制定にあたっての作成委員会の有力メンバーでもありました。

その杉田先生は、知的障害教育における教科の考え方について、次のように述べています。

「しかし、所謂ヨミ・カキ・ソロバンについての考え方には、特殊学級をもって幾年かになる経験の深い人と特殊学級をもったばかりの人とで多分に差異があることである。つまり同じヨミ・カキ・ソロバンといっても普通学級の教科課程の中にあるものをそのままとりあげて単に程度を低めただけで子どもに与えているものと、一応ヨミ・カキ・ソロバンを知的障害のある子どもの将来の生活を前提にして再構成して与えるのとの差違であり、更に根本的についてゆけば、知的障害のある子どもの指導目標を既定の学校教育のワクに適応させてゆこうとする小乗的な立場と、彼等の将来自立してゆくであろう社会への適応をはかろうとする大乗的な立場との差違である。」（杉田、一九五七。一部の表現を今日的表現に改めました）

杉田裕先生は、教科を指導する際に、通常の教科の内容をそのまま「水増し教育」として指導するのではなく、子どもの将来の生活を前提にして再構成して指導することの重要性を指摘しています。

杉田裕先生は、戦後の生活主義教育を先導した指導者であり、その思想を受け継ぎ我が国の知的障害教育における生活中心教育理論を確立した愛弟子が小出進先生です。当時としても、今日からみても、生活主義教育最大の論客であった杉田裕先生の教科観を理解しておくことは、「各教科等を合わせた指導」とその内容としての教科を正しく理解する上で重要です。

杉田裕先生の言葉から論点を整理すると以下があげられます。

・「水増し教育」への戒め。
・教科の内容の再構成。
・自立を目指す教科。

知的障害教育において、教科指導を考える場合、以上の三点を押さえていくことが求められます。

二点めの教科の内容の再構成ということをもう少し考えてみます。

次の言葉は、杉田裕先生が一九四九年に述べたものです。大崎中学校分教場の担任時代の言葉です。

「従来の知的障害教育は題目として作業教育等を唱へながらその実教科書をいかにして彼等に

おぼえさせるかに終止してゐた。（中略）教育が意図するものが生徒をよりよき社会人として大成させる事であるなら、彼等の（中略）能力の上に一日も早く最少の社会生活能力を賦与《ふよ》する事でなければならない。（中略）彼等の将来を考へれば先づ勤労人としての生活であり、職業人としての豊かな発展こそ彼等への教育目標でなければならない。」（杉田、一九四九。仮名づかい等は原文どおり、一部の表現を今日的表現に改めました）

この文章では、「教科書」にこれまでの教科の既成概念を代表させ、その指導に終始する指導法を批判する姿勢が読み取れます。そして、知的障害のある子どもに必要な教育内容を杉田裕先生がどのようにとらえようとしていたのかを知ることができます。つまり、知的障害のある子どもの様子をふまえ、その理解に立って、社会で生きていく力を養うということの重要性を読み取ることができます。

教科の内容の再構成ということも、同じ文脈で理解することができます。既存の教科を全否定するのではなく、その内容を、知的障害のある子どもの様子をふまえ、そして生活の自立に必要な内容として再構成することが求められます。

まさに、杉田裕先生自身が、教科の全面的否定という小乗的な立場ではなく、教科の内容や指導法も包み込む大乗的な生活主義教育論を有していたということができます。

一方で、杉田裕先生は、「水増し教育」や当時の系統主義教育に立つ教科指導に明確な批判姿勢をとっていたことも、これらの引用にある独特のアイロニー（皮肉）から知ることができます。

9 生活主義教育徹底期の教科理解

ここまで、戦後の知的障害教育の発足から、生活主義教育が徹底していくまでの時期（～一九六〇年代前半期）の教育内容・教育方法を教科の考え方に着目して概観してきました。

この時期の教育内容理解のまとめとしては以下があげられます。

・教育内容は生活の自立に必要な内容として理解されていた。
・その内容は、教科の枠組みで検討されたが、その枠組みを脱して、生活総体として理解されるようになった。
・生活の中に、教科の内容は、生活に必要なかたちで未分化に含まれていると考えられた。
・脱教科が鮮明であったが、生活の自立を目標として再構成された教科は否定されていない。

教育方法のまとめとしては以下があげられます。

・「水増し教育」への批判ないしは、否定的態度をとった。
・教科別に指導するのではなく、生活そのものを展開し、指導する方法をとった。
・生活の自立に必要な教科を教科別に指導することは否定されていない。

教育理念として、生活主義教育を標榜した知的障害教育は、いわば教科主義教育とは異なるもう一つの選択肢を選んだ教育であったことは明らかです。したがって、本質的に教科によって内容や方法を考えることを必要としていなかったということができます。

その意味で、脱教科の本質は、「教科否定」であったというよりも、「教科不要」といったほうが正確です。

ただし、当時の実践現場のメンタリティは、辻村泰男先生が指摘するようにまことに厳しいものがあり、事実としては、教科否定というべき状況を鮮明にしていたといってよいでしょう。その結果、当時からその後の時代（実は現在も）に至るまで、「生活か、教科か」という不毛な議論を、時に激しく戦わせる事態を招いたと、筆者は考えます。

10 養護学校指導要領制定の準備

脱教科を選択した知的障害教育に大きな変化をもたらしたできごととして、一九六三年の「養護学校小学部・中学部学習指導要領精神薄弱教育編」の制定が指摘されています（小出、一九七九）。

小学校及び中学校の指導要領が作成されたのが、一九四七年ですから、十年以上遅れての制定となります。養護学校が学校教育法に規定された新しい学校であり、制度面でも実践面でも方向を定めるのに時間を要したという事情があります。

すでに述べましたように、実践は、生活主義教育という方向がほぼ定まり、制度上も公立養護学校設置が始まった状況下で、指導要領の制定も制度整備の一環として位置づけられました。指導要領は教育課程の基準とされています。教育課程は教育内容を示すものですから、指導要領もまた、教育内容を明示する役割を有しています。

知的障害教育では、生活主義教育の立場から、未分化な生活活動をそのまま教育内容としてとらえていたことはすでに述べたとおりです。指導要領を作成するのであれば、その内容を分析・整理して示す必要があります。

そこで、指導要領制定準備として、文部省は研究指定校に教育課程研究を委嘱します。この時期の教育課程関係の研究指定校は、東京都品川区立中延小学校（一九五六年度）、岩手県盛岡市立仁王小学校（一九五七年度）、大分県大分市立新生養護学校（一九五七年度）の三校でした。

一九五六年、品川区立中延小学校は、品川区立浜川中学校と共同で「小・中学校を一貫した特殊学級のカリキュラム案」、いわゆる「品川五領域案」を発表しています（東京都品川区立中延小学校・浜川中学校、一九五七）。

一九五八年には、盛岡市立仁王小学校が、盛岡市立上田中学校と共同で、特殊学級のカリキュラムを発表しました（盛岡市立仁王小学校特殊教育部、一九五八）。

同じく一九五八年、大分市立新生養護学校は、「ミニマム配列表」を発表しています（大分市立新生養護学校、一九五八）。

さらにこれらの成果を踏まえ、文部省は、一九五九年の文部省主催特殊教育指導者講座精神薄弱班において、「教育課程編成のための資料」を発表します（昭和三四年度中部日本精薄教育講座、一九六〇）。これは、教育内容を「生活」「情操」「健康」「生産」「言語」「数量」の六領域で整理しており、いわゆる「六領域案」と呼ばれるものです。指導要領制定準備作業期における教育課程案としては、最も総括的なものと評価されています（小出、一九七九）。

以上の教育課程研究で共通することは、三つです。

一つは、これまで実践において、脱教科の必然として教育内容を分析・整理するということに消極的もしくは無関心であった（全くしていなかったわけではありません）ところから、実際に指導している教育内容に基づき、その分析・整理を試みたということです。

この点については、知的障害教育が「具体的生活を通しての教育であるから、その内容を分析して分類すること自体が教科主義への接近であり、新しい教育方法からの離脱であるという主張もあった」とされています（辻村、一九六九）。

しかし、指導要領の要請に応えるにはこの作業は不可欠であったことと、生活を通しての総合的な指導が軌道に乗りつつあったことから、この時期にいたって、教育内容を分析・整理する作業が行われたのでした。

二つには、教育内容を分析・整理する枠組みとして、教科ではなく、「領域」という枠組みが用いられたことです。

教科という名称を使用することで、教科主義教育と誤解されることを避けるためでした。領域という名称は、通常の教育における経験主義教育の教育課程や、生活に根ざして教育を行っていた幼稚園教育課程でも用いられていた枠組みでした。その意味で、生活主義教育の教育課程での採用は妥当であったと考えられます。

三つには、領域の内容を把握する視点です。いずれの場合も、子どもの知的発達の段階と生活年齢の段階の二つの視点から教育内容を整理しています。つまり、知的障害の状態（主に知的発達の段階）を押さえつつ、それぞれの生活年齢にふさわしい内容を考えています。中延小学校や仁王小学校が、近隣中学校と共同研究で教育課程を開発したのも、青年期という生活年齢をふまえた側面があります。知的発達と生活年齢の両方を踏まえて教育内容を選択・組織するという方針は、今日の特支新指導要領の教科に引き継がれています。

以上のように、知的障害教育における指導要領制定準備は、教科主義教育への接近に警戒しながら、生活主義教育の教育課程を目指して進められていました。

11 「六領域案」への反響

ここで、当時の「六領域案」への実践現場からの反響を紹介しておきます。

一九五九年度、文部省より研究指定を受け、「六領域案」の検討を行った栃木県足利市立山辺小学校の報告の中に、次のような意見があります。

「六領域案でも、そう変りはないが、現在の要素表では、科学の面が抜けている。生活、生産、健康の領域を探せば、あるけれども、科学の領域を特設したい。」（栃木県足利市立山辺小学校、一九六〇）

この意見では、生活主義教育の教育内容の枠組みとして採用された領域ではなく、教科としての理科に相当する「科学」という領域の採用を提案しています。理科的な内容が「六領域案」にないのではなく、あるけれども「科学」で別立てしてはどうか、という提案ですので、通常の教育における教科の枠組みへの接近を読み取ることができます。

同じく山辺小学校の報告では、次のようにも述べられています。

「経験単元ばかりでもいいが、理論性を必要とする言語、数量、健康の体力増進、基本的習慣形成においては、どうしても、系統的に反ぷくして与えなければならないものがある。」（栃木県

足利市立山辺小学校、一九六〇）

この意見は、教育内容というよりは、教育方法に関する提案といえます。提案の内容は、生活主義教育の徹底期にあっても、近藤益雄先生のように自立を目指した「教科別の指導」があったことを考えれば、しごく妥当なものと考えます。あえて経験単元（生活単元学習等をさします）以外の選択肢を提案する姿勢、そして「理論性」の主張などから、系統主義的な指導法への接近が読み取れなくもありません。

また、やはり「六領域案」の検討に取り組んだ兵庫県神崎郡福崎小学校の報告で、報告者の大谷一雄先生は、次のように述べています。

「計算はドリルの問題は相当やっているが、時間とかかさとかは、余りその機会にめぐまれないのではないだろうか。生活、生活といっても、そうふんだんにcmやｇに関係したものが生活の中にあり得ない。そんな事はどう考えるべきか。」（大谷、一九六〇）

福崎小学校の報告においても、生活経験にあまり見られない内容は、系統的に指導することを含めて検討する視点が示されています。ここでは、生活を通しての指導といっても、実際には生活の中にあまりない内容を、どう指導するかが、問われています。この意見も、補充的な「教科別の指導」に通じますし、そのこと自体は妥当です。

ただ、気になるのは、生活の中にあまりない内容であれば、生活の自立に必要な内容としては取り上げる優先順位を下げるというのが、生活に生きる教育内容の選択には求められるのではないかということです。それら生活で出合うことがまれな内容まで取り上げようというのは、当時の系統主義教育の教科論の影響をうかがうことができます。

なお、蛇足ですが、筆者には、「cmやg」は、生活の中にいくらもあるように思えます……。系統主義教育に傾斜した「詰め込み教育」の反省から、生活に生きる教科を精選・再構築している現代の指導要領の教科観から振り返れば、生活の中にあまりない内容を取り入れようという提案からは、当時の系統主義教育の教科観の一端を知ることができます。

「六領域案」は、あくまで案ですし、よりよいものにしていくために、批判的に検討していくことは有用であると考えます。しかし、以上の批判に、教科主義教育・系統主義教育の傾向を読み取るとすれば、そこには教育内容・教育方法に関する考え方の揺れを見出すことができます。

その背景には、辻村泰男先生が紹介している「その内容を分析して分類すること自体が教科主義への接近」という意見にも妥当性があったと考えられます。ここで注意すべき事は二点です。

一つは、事柄の本質は、教科主義教育への接近の是非よりも、方針のブレや揺れが無意識に生じているということです。どのような方針で教育を行うかが定まらなければ、明確な教育目標は設定できません。結果的に適切な教育内容や教育方法も定まらなくなります。

二つは、ここで指摘できる教科主義教育への接近ということで、接近している教科は、すでに今日、克服の努力がなされている、生活から遊離しがちで系統主義にかなり傾斜した当時の教科であるという認識です。今日の新指導要領で採用している教科との違いは意識して読まなければならないところです。

12 養護学校指導要領での教科の採用

三木安正先生を委員長とする学習指導要領作成委員会は、一九六〇年六月に発足しましたが、「六領域案」等の作業と併行して、すでに一九五九年から非公式に作成作業が進められました。ところが、作成委員会は直ちに大きな問題に直面することになります。

指導要領制定準備に先立って、すでに学校教育法施行規則第七十三条の七、八に、小学校、中学校の各教科に準じた養護学校の教科規定が存在していたのです。これらの施行規則は、今日の学校教育法施行規則第百二十六条、百二十七条に相当するものです。養護学校ですから、病弱や肢体不自由の学校も含みます。なんといっても、施行規則は知的障害教育が生活主義教育に舵をきることを想定していなかったわけです。

この件について作成委員会ではかなり激しい議論がかわされたのですが、結果的に施行規則改正は困難として、知的障害教育の指導要領も、通常の学校と同じ教科によって内容を示すこととなりました。

こうして、一九六三年に初めての知的障害教育の指導要領が、教科によって教育内容を示す方法を採用して制定されました。

養護学校指導要領の制定後に文部省が刊行した解説では、教科を採用するにあたって次の二点が強調されたことが指摘されています。

「①教育内容を各教科等で分類しているが、知的障害教育における教科は、その名称は一般教育におけるそれと同じであっても、その内容や性格において異なる。したがって、既存の教科の概念を拡大して、この教育にふさわしい内容を選択・組織すること。
②各教科等により教育内容が組織されていても、このことは、かならずしも、教科別の授業時間を設定して、指導を展開することを意味しない。内容の組織様式と指導の形態は別であり、したがって、必要に応じて、各教科等の内容を合わせて授業を行うこと。」（小出、一九七九。一部の表現を今日的表現に改めました）
①は、内容を示す枠組みとしては、通常の教育と同じ教科名を用いるが、内容は知的障害教育にふさわしい内容とする、という考え方です。この点については、辻村泰男先生が、養護学校指導要領作成の過程で教科を採用することを主張した際に発言したという次の言葉は理解の助けになります。

「個々の教育内容を教育者の側でどのように整理分類するかは、衣料品をどんな整理タンスに入れるかというようなものだ。領域という整理タンスを注文して製作し、これに収めるのもよい。しかし、教科タンスという既製品では絶対に間に合わないだろうか。ただし、ここで間に合わせようというのは、タンスであって、タンスの中味なるシャツや靴下やパンツまで既製品にせよ、というのでは絶対にない。中味の方は（中略）寸法に合わせて作るが、それを整理して収納するタンスは、この際、既製品にしてほしい。」（辻村、一九六九）

教育内容を分類する枠組みをタンスに、教育内容を衣類に例えての説明です。分類の枠組みは通常の教育と共通にし、中身は知的障害教育にふさわしいオーダーメイドで、ということです。

また、養護学校指導要領の解説（一九六六年刊行）では、知的障害教育において「〃教科〃の意味は普通学級におけるそれと非常に異なるものであり、そこでは、普通学級におけるような教科の区分や系統性とは異った意味をもっていると考えてもよいであろう」と説明されています（文部省、一九六六。仮名づかい等は原文どおり）。この説明は、現在の通常の教育における新指導要領での教科観が、この当時の教科観と大きく変化していることを考慮すれば、今日的にはもはや役割をほぼ終えた説明といえますが、知的障害教育の教科が、当時の通常の教育における教科とは異なる発想で整理されていたことを示す貴重な歴史的証言です。

②は、今日でいう「各教科等を合わせた指導」を公式に認めることを意味し、施行規則の改正

も行われました。このことについては後述します。また、「内容の組織様式と指導の形態は別」という特殊な教育課程構造は「教育課程の二重構造性」と称されますが、その意味・意義については、章を改めて述べます。

13 養護学校指導要領による教科採用の影響

一九六三年の養護学校指導要領制定後の状況について、三木安正先生は次のように述べています。

「この知的障害教育のための最初の学習指導要領の作成では、従来文部省がきめてきた一般の教育課程の枠をできるだけゆるめて、精神発達に障害のある児童・生徒に対する教育が、各人の能力に合わせてできるようにするために最大の努力が払われたといってよいであろう。そしてわれわれは、精神発達に障害のあるものにできるだけ適正な教育をして、その生活能力を養っていくように、したがって、教科や特別教育活動や学校行事等の教育内容を統合して生活学習といわれるような教育が展開されるように期待したのであるが、この学習指導要領の発表の後、教育内容が教科に分けて示されたというところにだけ注意が向いたのであろうか、次第に、いわゆる教科中心的な学習が行われるようになったのは、まことに残念なことであった。」（三木、一九七六。

一部の表現を今日的表現に改めました）

ここでの三木安正先生の状況認識は、生活単元学習等から「教科別の指導」への移行が進んだことを、直接的には問題視しているといえます。

ただし、一九六三年の養護学校学習指導要領でも、「教科別の指導」は認められていました。また、今日まで「教科別の指導」の有効性を知的障害教育の指導要領が否定したり、消極的に評価したことはありません。それらのことを考え合わせると、三木安正先生の言葉から読み取るより本質的な問題は、前述の教科の趣旨が正しく理解されないかたちで実践が変化したことにあるのではないかと考えます。

具体的には、「教科別の指導」であっても明確な目標によらない、あるいは知的障害教育の教科を正しく理解しないかたちでの「水増し教育」の問題があげられます。

養護学校指導要領が示した教科の趣旨が正しく理解されなかったことがここで問題にされているのであり、その問題は、後年まで引き継がれていくことになります。

14 養護学校指導要領が教科を採用した意義

しかし、ここまでの歴史的経過をたどった上で、筆者は養護学校指導要領が教科を採用した意義は、教育史的にも、教育学的にも、きわめて大きいと考えています。

以下、その意義を三点あげます。

一つめは、知的障害教育における教科に関する議論や実践の活発化です。

この点に関して、小出進先生は、「教科に対する全面否定的態度が弱まり、いわゆる『知的障害教育教科』を追求する気運が高まった」と指摘しています（小出、一九七九。一部の表現を今日的表現に改めました）。

養護学校指導要領が教科を採用したことで、これまで知的障害教育の現場ではタブーとされていた教科に関する議論が自由にできるようになってきました。また、知的障害教育にふさわしい教科の内容を検討することも積極的に行われるようになりました。

内容の正否は別にしても、一定の意見が支配し、他の意見を認めないという空気は、重苦しく、不健全です。戦後の知的障害教育には、その意味での不健全さがあったと筆者は考えます。その意味で、養護学校指導要領制定をきっかけに、自由に意見を交換できる空気を獲得した意義は大きいです。実際にこの頃から、知的障害教育には個性的で多様な実践が生まれるようになります（名古屋、二〇〇七）。そのことを生活主義教育の後退とみることもできますが、自由で多様、そして豊かな実践の開花とみることもできるでしょう。

そのような多様性の中で、知的障害教育における教科の考え方も練り上げられていったといえます。たとえば、養護学校指導要領制定後の議論の中で、生活主義教育に批判的な見解を表明していた研究者の藤本文朗先生は、知的障害の子どもに「教科教育をというと、すぐ普通学級の教材や教科書を少しわかりやすくして〝水まし〟的に教えることと考えられるであろうが、それは私も反対である」（仮名づかい等は原文どおり）とし、次のように述べています。

「私は、経験領域から出発するのでなく、科学の系統に従った九教科（〝英語でなく外国語教育〟も含め）を、なるべく全部、系統的にちえ遅れの子どもも学習することが、（中略）子らの全面発達を保障することであると思う。」（藤本、一九六九）

この論は、発達保障論からの見解ですが、「水増し教育」を批判し、知的障害のある子どもにとって必要な教科を考える論点を、生活主義教育と共有しています。

また通常の教育における「生きる力」という概念に関して、川合章先生は、一九七〇年代後半期の知的障害教育を実践していた現場からの発言に言及しながら、「日生連（引用者注：日本生活教育連盟）が『生きる力』に注目するにいたった経緯は必ずしも明らかでないが、障害児教育の取り組みとかかわっているであろうこと、そしてこの表現が日生連関係者に共感をもって迎えられたであろうことは確かである」と述べています（川合、二〇〇〇）。知的障害教育における活発な教育内容の議論が、通常の教育にも影響したことを示唆する発言です。

養護学校指導要領制定後、生活主義教育への批判や、通常の教育との交流など、多様で豊かな教科論、教育内容論が展開されるようになったのです。

二つめの意義は、通常の教育との共通言語の獲得です。

通常の教育で教育内容を論ずる際に、教科を用いることは不可避であり、不可欠です。教科を用いることで、教育内容に共通の理解を得ることができています。それに対し、知的障害教育は、脱教科の流れの中で、通常教育からの独自性を強くしていきました。もとより、知的障害教育に独自の側面があることは、知的障害のある子どもを教育するという特質から考えてもあってよいものです。幼稚園や小学校、中学校にもそれぞれ独自性はありますが、その由来の多くは、対象となる子どもの違いによります。対象が違えば、独自の側面が出てくるのは当然です。

しかし、知的障害教育は、脱教科を徹底する過程で、通常の教育との独自性をことさら強調しすぎたきらいがあります。辻村泰男先生が指摘するように、新しい生活主義教育を軌道に乗せるためにはやむを得なかった側面はありますが、相通じる側面もあるはずです。その点について、青鳥養護学校初代校長で、養護学校指導要領制定にも参加した小宮山倭先生は、養護学校指導要領作成時の議論として次のように述べています。

「特殊教育を、子供の特殊性にのみ固執して、一般教育から、いわば離れ小島に残すようなことがあつてはならない。特殊性への正しい認識と同時に、その背後にある人間性一般の理解に立つて、なるべく一般教育制度の中に正当な、共通な位置づけをもつようにすべきである。それが、一般教育と特殊教育とが相互にひ益するゆえんである。用語も制度も考え方も相通用するものは、通用させねばならない。」（小宮山、一九六一）

戦後の知的障害教育を牽引した研究者の多くが心理学を出自としているのに対し、小宮山倭先生は、実践者であると同時に優れた教育学者でもありました。心理学的に知的障害の独自性が強調される中、教育学の視点から、学校教育としての共通性を指摘したものと意味づけられる発言です。まさに、今日いわれる通常の教育と知的障害教育の連続性を先取りした論ということができます。

ただし、当時の通常の教育における教科が、学問的系統性をかなり強く有していたことと、そのような教科の反省がその後行われたことを考えれば、当時の通常の教育との接近は、一定のリスクを有していたことも指摘しなければなりません。

三つめの意義、養護学校指導要領が教科を採用した意義として、これを筆者は本書では特に強調したいのですが、施行規則の制約ゆえのことであったとはいえ、教科が採用されたことによって、知的障害教育における生活主義教育と教科主義教育の不毛な対立の解消に道が拓かれたことです。

教科という枠組みは、教科主義教育・系統主義教育の歴史的実践の蓄積の中で精練されてきた研究業績ということができます。その教科の枠組みで教育内容を整理することを、生活主義教育・

経験主義教育が採用したことで、両者の対立の解消に道が拓かれたと考えるのです。

もちろんこれは、単なる折衷ではなく、内容においては生活の自立に必要な内容、方法においては生活を通しての学習、というように、生活主義教育の本質を維持しながらの対応です。これらは、期せずして、現在の新指導要領の教科論（「生きる力」「育成を目指す資質・能力」など）や指導論（「主体的・対話的で深い学び」「教科等横断的な指導」）にも通じます。

養護学校指導要領の制定は、約六十年も前のできごとですが、今日の教育で起こっていることを先取りすることになったといえないでしょうか。教科という共通言語をもったことで、両者の対話にも道が拓かれたのです。あとは、私たちが、その道を歩くかどうかが問われるばかりです。

15 「合わせた指導」概念の登場

一九六三年の養護学校指導要領制定に合わせて、学校教育法施行規則第七十三条の十において、知的障害養護学校においては、「教科の全部又は一部について、これらをあわせて授業を行うことができる」（仮名づかい等は原文どおり）ことが規定されました。これによって、戦後の知的障害教育で主力の指導法として実践されてきた生活単元学習等の総合的な生活学習が、教科による指導要領の下でも実施できるようになりました。この規定は、後に領域を合わせることも加えられました。現在は、学校教育法施行規則第百三十条となっています。

「全部又は一部」を合わせて授業を行うことができるという点は、養護学校指導要領自体でも以下のように強調されました。

「具体的な生活の場面において、全部または一部の各教科を統合して与えるのでなければ、生活に役だつ生きた知識・技能として、それを習得していくことが困難であること。」（文部省、一九六三）

「その個人差がきわめて大きいから、それに応じるためにも全部または一部の各教科の内容を統合する必要があること。」（文部省、一九六三）

「必要に応じ全部または一部の各教科をあわせたり、各教科、特別教育活動および学校行事等の内容を統合したりするなどのくふうをして、適切な教育課程を編成するものとする。」（文部省、一九六三。仮名づかい等は原文どおり）

「特に、各教科の内容については、児童・生徒の精神の構造が未分化な状態にあればあるほど統合され、しかも、それは、できるだけ身近な生活の場面における具体的な学習活動を通して身につけさせるようくふうされなければならないものであること。」（文部省、一九六三）

16 「合わせる」ということの意味

ところで、学校教育法施行規則第七十三条の十では、「全部又は一部」を合わせることができるとされていますが、実は当初は「一部」のみを認める規定であったといわれます。

それを「全部又は一部」とする、つまり全部を合わせるという趣旨を盛り込むことに尽力したのが、当時文部省にあって指導要領制定実務を担った花熊四郎先生です。花熊四郎先生は大阪府の知的障害教育を先導する存在でしたが、一九六〇年に文部省初等中等教育局特殊教育主任官付文部事務官として着任、指導要領制定作業に着手しました。

教科を合わせる規定の趣旨が、従前の生活単元学習等がそうであったように、未分化な教科内容を含む生活活動そのものを指導できるようにするための規定であることは指導要領作成委員会でも了解されていました。

しかし、当初の文部省内での案には「全部」という表現はありませんでした。これに対して、花熊四郎先生が異を唱え、「全部」を加えることを譲らなかったことから、今日の学校教育法施行規則第百三十条の二に引き継がれる「教科の全部又は一部について、これらをあわせて授業を行なうことができる」という規定が成立したのです。

当時、文部省で花熊四郎先生の上司であった辻村泰男先生は、作成委員会での議論を次のように振り返っています。

「さらにまた、教科の統合について全教科、全学年を通じてこれが許容されるべきだ、という主張が行なわれた。これについても全学年はぜひ必要だろう。しかし、全教科の方は譲ってもらえまいか、というのが当初の私の考えであった。『一部の教科を合わせることができる』という表現だけで、ＡからＨに至る八教科の場合なら、ＡＢＣＤＥＦＧＨという全部を一度に統合するだけを除いた、他のありとあらゆる組み合わせがことごとく認められることになる。したがって、実際問題としてはこれで十分ではないか、という考え方であった。

しかし、花熊君はこれにも猛然たる抵抗をした。『教科の統合については責任をもつ』という主任官のことばを信じて、自分は、内容のくくり方だけは教科名を用いることに踏み切った。それを今さら何事かとばかりに、敢然たる抵抗が数日間続行された。そして、ここでもまた花熊君の勢いが原動力になって省内意見の再調整が行なわれ、全学年全教科の統合が認められるに至ったのである。」（辻村、一九六九。原文どおり）

全部ではなく一部で原案が示されたのは、他の学校種での同種の規定が、一部としていたことによります。しかし、辻村泰男先生ご自身も「教科の枠を越えて、具体的な生活を通して教育することが許容されれば、生活学習方式の指導が少しも支障なく実施できる」という立場でしたので、本心は、花熊四郎先生と同じでした。

全部を合わせるとしたことで、事実上すべての教科を含む未分化な生活そのものを展開できると考えられたのでした。

三木安正先生も、次のように述べています。

「すなわち、教科の一部を統合してもよいという場合には、八教科のうちの七つまでを統合してもよいというように解されるので、一部を統合するとしておけばよいのではないかという上司の意見に対して、花熊事務官はどうしても承知せず、八教科全部を統合してもよいということにすべきだと頑張って、これが通ったのである。

ここのところは、知的障害教育関係者が十分に心にとめて、考えていただきたい点である。〝教科〟に分けられて規定されている教育内容は、その全部を統合してよいとされたときには、すでに教科に分けられたという性格を失ったことになろう。」(三木、一九六九。一部の表現を今日的表現に改めました)

つまり、一部を合わせることはどこまでも通常の教育でも行われる合科授業となりますが、全部を合わせることで教科の内容を未分化に含む総合的な生活学習ができると理解されるわけです。

この三木安正先生の論は、後の養護学校指導要領解説に示される「合わせた指導」を「分けない指導」とする理解に通じます(文部省、一九九一)。

花熊四郎先生の主張は、知的障害教育における生活学習をいかに理解するかを決するきわめて重要な主張であったということができます。

花熊四郎先生は、もちろん「教科別の指導」に関してもその意義を認めていました。そのことは、以下の言葉からも読み取れます。

「知的障害教育においては、生活の、生活による、生活のための教育が、原理的にも正しいとされているから、学級や学校におけるあらゆる生活活動のなかで、言語指導が行なわれるのが普通であって、教科並列主義的な固定的な方法による国語指導は、余り望ましくないとされている。したがって、各教師は、このような観点から、国語の学習指導を考えていなければならない。」

（花熊、一九六三。一部の表現を今日的表現に改めました）

この文章は、花熊四郎先生が、養護学校指導要領から国語の部分を解説したものですが、国語だけでなくすべての教科等で、そして教科を合わせて指導する場合、教科別に指導する場合のいずれも視野に入れた指導理念を示しています。

以上のように、花熊四郎先生らの尽力により、教科の全部を合わせるという規定によって、生活単元学習等の方法が、養護学校指導要領の下でも、本来の生活主義教育の考え方によって実施できるようになったわけです。

しかし、教科主義教育の構造から考えれば、全部であっても一部であっても、教科を合わせる

ことによる指導と理解することができます。

生活単元学習等を、教科を合わせた指導と意味づけることで、この方法が、生活に即した実際的・総合的な教科を学習できる方法であるという、新たな視点を提供することになりました。経験主義教育と系統主義教育の対立の中で、教科学習の対立概念とされてきた生活学習を、教科学習でもある、それも効果的な教科学習であると意味づけることができたのは、画期的なことであったと考えます。生活学習を、教科学習の対極から転じて一気に効果的な教科学習でもあるとしたのですから。

一般に小学校等で行われている国語や算数の時間の学習を、教科学習というのに対して、知的障害教育では、この種の指導を「教科別の指導」という理由も、このことと関係します。つまり教科を合わせて指導する生活単元学習も、合わせて指導しているのだから立派な教科指導でもあるわけです。そうなると教科別の時間の学習を教科学習といっただけでは、知的障害教育の教科の学習のすべてを言い表し得ないことになります。そこで、教科学習も、分けて指導する（「教科別の指導」）か、分けずに指導する（「各教科等を合わせた指導」）かで、指導の形態を区別することになったのです。

以上のように、「合わせた指導」概念は、それまでの教科主義教育・系統主義教育と生活主義教育・経験主義教育の方法上の対立を解消する提案となっているということができます。

17 まとめ

以上、我が国の知的障害教育の歴史をたどりながら、知的障害教育における教育内容・教育方法の理解を、教科、「各教科等を合わせた指導」にかかわる理解を中心に検討してきました。まとめとして、これまで述べてきた内容のポイントを整理し、箇条書きにしてみます。

・戦後当初までは、通常の教育における教科を教育内容とし、通常の教育と同じような教科指導を行っていた。

・戦後当初においては、通常の教科の内容を子どもの知的発達に即して指導する「水増し教育」が行われていた。

・「水増し教育」が実施されたのは、知的障害の子どものための教育目標が明確でなかったからであった。
・教育目標を生活の自立と明確化したことで、その目標にふさわしい教育内容・教育方法を模索する努力が払われるようになった。
・自立を目指す教育内容・教育方法の模索の初期には、教育内容は教科の枠内で検討され、教育方法は通常の教育と同様の教科別の学習によっていたが、社会生活に合致する教科が追究された。
・社会生活に合致する教科の考え方は、今日の社会の中で生きて働く教科と通じるものである。
・社会生活に合致する教科は、生活の中に未分化にあるものと考えられた。
・自立を目指す教育内容は、「社会生活能力」「自立的生活力」などといわれた。
・「バザー単元」を契機に、教科によって教育内容を分析・整理するよりも、生活に必要な内容を未分化に含む生の生活活動そのものを内容として把握し、生活そのものを展開することを方法とするという、生活主義教育の実践が明確になった。
・生活主義教育が全国に広がり、徹底していった時期においても、生活の自立を目標として教科の内容を検討することや、教科別に学習することは、否定されていなかった。
・生活主義教育における脱教科の本質は、教科による内容理解や教科別に指導することを必要視しないというもので、いわば「教科不要」といえる考えであった。

・一方で、生活主義教育の徹底期には、脱教科を「教科否定」ととらえる意識が強く存在していたのも事実であった。

・知的障害教育における養護学校指導要領制定の準備期には、再び教育内容を分析・整理する作業が行われたが、教科によらない「領域」による分析・整理が試みられた。

・領域による教育内容の分析・整理では、その内容を、子どもの知的発達と生活年齢の二つから分析・整理しており、この考え方は後の指導要領の教科に引き継がれた。

・学校教育法施行規則の規定により、養護学校指導要領は教科によって内容を示すことが求められた。

・養護学校指導要領では、教科で内容を示したが、その内容は、通常の教育とは異なり、知的障害教育にふさわしい内容として独自に示された。

・養護学校指導要領制定以後、これまでタブーとされていた教科に関する議論が活発に行われるようになり、以後、知的障害教育においても、多様で豊かな実践が展開されるようになった。

・養護学校指導要領が教科を採用したことで、通常の教育との共通言語を得た。

・養護学校指導要領では、教科の内容を合わせて指導するという言い方で、従前の生活主義教育の方法である生活単元学習等を意味づけた。

・全部を合わせるとしたことで、教科に分けない生活を展開することを可能とした。
・教科の枠組みで教育内容を整理することを、生活主義教育・経験主義教育が採用したことで、教科主義教育・系統主義教育との教育内容・教育方法に関する対立の解消に道が拓かれた。

以上、我が国の知的障害教育の歴史の検討をしてきました。箇条書きのポイントも多岐にわたりましたが、これらを貫く通奏低音ともいうべきことがあります。

それは、生活主義教育を掲げて実践を展開してきた知的障害教育が、教科主義教育の体系を有する指導要領を選択したという、歴史上、きわめて特異な経過をたどってきたことです。

知的障害教育の教育課程や指導法を考える際には、このことをしっかりと押さえておかなければなりません。

養護学校指導要領が制定された一九六〇年代において、小学校や中学校の指導要領は、一貫した教科主義教育をもって新しい教育を方向付けることができました。幼稚園教育要領は、戦前からの生活を大切にした教育をつらぬき、教科によらず領域によって内容を示すことができました。それらに比べ、知的障害教育の指導要領は、複雑な構造を抱え込むことになったといえます。しかし、そのことが、かえって知的障害教育の教育内容・教育方法に深みをもたらしたと、筆者は考えます。

この点については、次章で詳しく検討します。

【文献】

藤本文朗（一九六九）「ちえ遅れの子にも全面発達を　自立のための教育ではなく、科学と生きかたを学びあう教育を」『精神薄弱児研究』№１３３
花熊四郎（一九六三）「指導要領をどういかすか（２）―国語―」『精神薄弱児研究』№６３
川合章（二〇〇〇）『生活教育の一〇〇年―学ぶ喜び、生きる力を育てる―』星林社
小出進（一九七九）「教育課程・指導法の変遷」全日本特殊教育研究連盟編『日本の精神薄弱教育―戦後三十年二巻』日本文化科学社　※この文献は、『知的障害教育の本質―本人主体を支える』（小出進著、二〇一四年、ジアース教育新社）に再録され、現在も読むことができます。
小宮山倭（一九六一）「「教科」と「領域」に関する一私見」『精神薄弱児研究』№３１
近藤益雄（一九五一）「主として書くことの指導について」三木安正編『精神遅滞児の生活教育』牧書店
三木安正（一九六九）『養護学校学習指導要領に関して』辻村泰男・杉田裕編　全日本特殊教育研究連盟・特殊教育双書『精薄教育の諸問題』日本文化科学社
三木安正（一九七六）『私の精神薄弱者教育論』日本文化科学社
文部省（一九六三）『養護学校小学部・中学部学習指導要領精神薄弱教育編』教育図書
文部省（一九六六）『養護学校小学部・中学部学習指導要領精神薄弱教育編解説』教育図書

文部省（一九七八）『特殊教育百年史』東洋館出版社
文部省（一九九一）『特殊教育諸学校小学部・中学部学習指導要領解説―養護学校（精神薄弱教育）編―』東洋館出版社
文部省初等中等教育局（一九五一）『特殊教育研究集會資料（續）』文部省初等中等教育局
盛岡市立仁王小学校特殊教育部（一九五八）「精神遅滞児学級のカリキュラムの改善―精神遅滞児の言語と数量に関するレディネス―」『精神薄弱児研究』No.9．10
長尾十三二（一九九一）『西洋教育史〔第二版〕』東京大学出版会
名古屋恒彦（二〇〇七）『戦後知的障害教育における生活中心教育の教育課程及び指導法の変遷に関する研究』兵庫教育大学大学院連合学校教育学研究科
名古屋恒彦（二〇〇八）「生活中心教育の系譜と課題」山形県立米沢養護学校編著『テーマのある生活づくり―子ども主体の特別支援教育』コレール社
名古屋恒彦（二〇一六）『わかる！できる！「各教科等を合わせた指導」どの子も本気になれる特別支援教育の授業づくり』教育出版
中村與吉（一九五二）「学級のあゆみ」三木安正・中村與吉共著『遅れた子らを導いて』牧書店
大庭伊兵衛（一九六九）「生活指導と作業教育との結びつき」『精神薄弱児研究』No.127
大分市立新生養護学校（一九五八）「ミニマム配列表の作成と教育計画の改善」『精神薄弱児研究』No.9．10

大谷一雄（一九六〇）「数量領域部門の研究」『精神薄弱児研究』№２６
杉田裕（一九四九）「教育目標の轉廻」特殊教育研究連盟編『精神遅滞児教育の実際』牧書店
杉田裕（一九五七）「基礎教科（特に国語・算数）に関する諸問題」『精神薄弱児研究』第Ⅱ巻　第１号
栃木県足利市立山辺小学校（一九六〇）「精薄学級教育課程要素表の妥当性の一考察」『精神薄弱児研究』№２６
東京市役所（一九三九）『補助学級ニ於ケル算術科指導要目』東京市役所
東京都立青鳥養護学校（一九五七）『青鳥十年』東京都立青鳥養護学校
東京都立青鳥養護学校（一九六七）『青鳥二十年』東京都立青鳥養護学校
東京都品川区立中延小学校・浜川中学校（一九五七）「精薄児学級において何を教えたらよいか」『精神薄弱児研究』第Ⅱ巻1号
辻村泰男（一九六九）「「養護学校（精神薄弱）学習指導要領」の成立過程」辻村泰男・杉田裕編　全日本特殊教育研究連盟・特殊教育双書『精薄教育の諸問題』日本文化科学社
山本普（一九五一）「生活と理科の教材」三木安正編『精神遅滞児の生活教育』牧書店

第3章

教育課程の二重構造性をひもとく

1 教育課程の二重構造性とは

我が国の知的障害教育が、生活主義教育を実践しつつ、教科主義教育の指導要領を選択したという、特異な歴史的経過をたどってきたことは、前述しました。

このことは、教育課程の構造にも影響を及ぼしました。

教育課程の二重構造性とは、知的障害教育の教育課程が、教育内容の分類形式と指導の形態の二つに分けて考えられるという構造の特質をさします。つまり、教育課程編成段階では各教科等によって内容を分類・整理し、実際に指導を行う段階では、「各教科等を合わせた指導」「教科別の指導」などによるとするものです。

通常の教育では、教育内容の分類形式と指導の形態は基本的には一致します。国語の内容は国語の時間に、算数の内容は算数の時間に、それぞれ指導します。それに対して知的障害教育では、国語の内容を生活単元学習の時間に指導する、ということが少なくありません。指導する内容と授業の名前が一致しないのです。この現実を、教育課程論で説明したのが教育課程の二重構造性です。特支新指導要領の場合、図のようになります（小学部を例示）。

なお、教育課程の二重構造性は、かつては、養護学校指導要領解説においても図入りで説明さ

図　教育課程の構造図（知的障害特別支援学校小学部の場合）

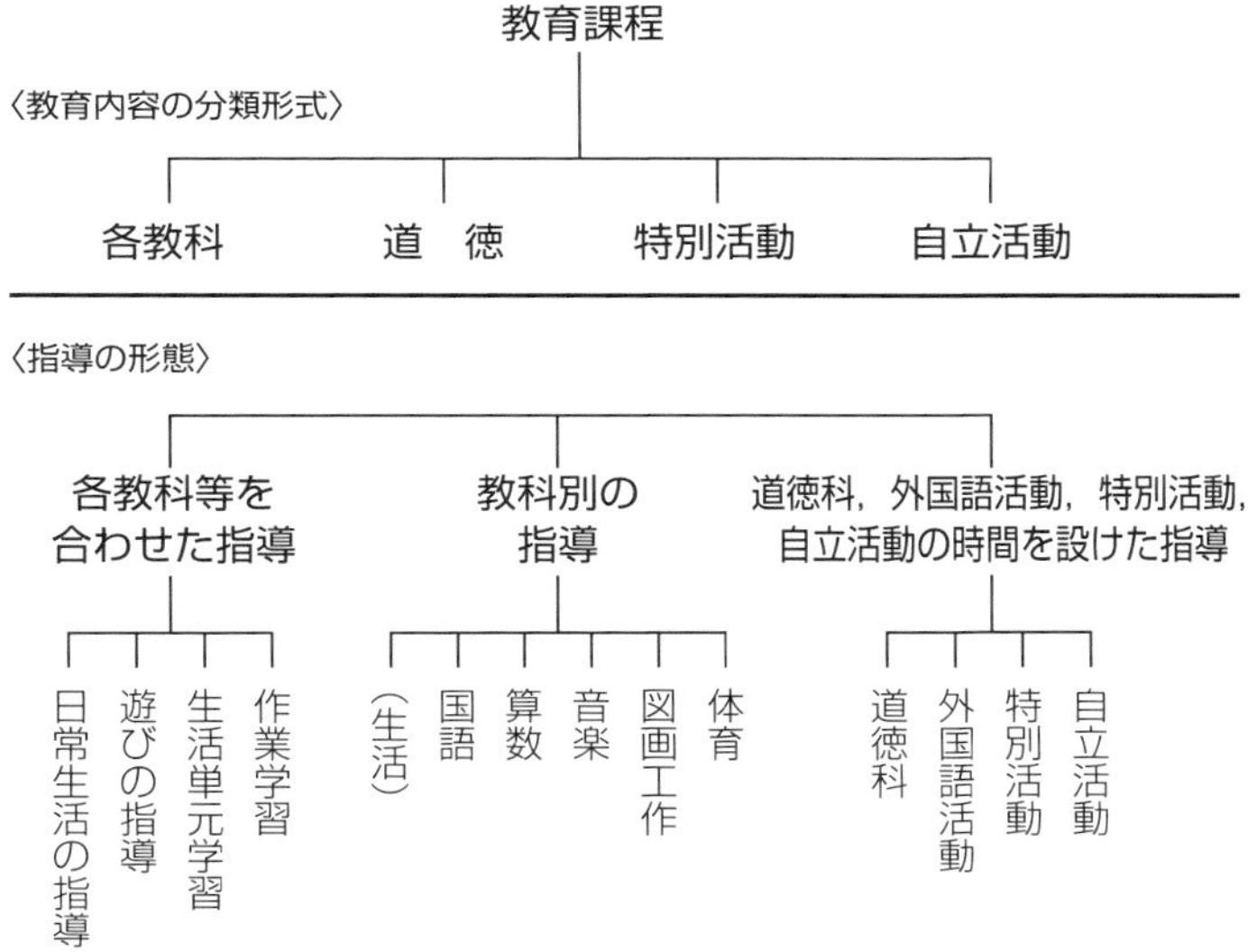

れていました（『特殊教育諸学校小学部・中学部学習指導要領解説―養護学校（精神薄弱教育）編―』文部省著、一九九一年、東洋館出版社）。

筆者は、これまでも教育課程の二重構造性に関する論考として、背景となる経験主義教育と系統主義教育の関係（『わかる！できる！「各教科等を合わせた指導」』名古屋著、二〇一六年、教育出版）、その意義（『「各教科等を合わせた指導」エッセンシャルブック』名古屋著、二〇一九年、ジアース教育新社）などを述べてきました。

本章では、前章の歴史的検討を引き継ぐかたちで、教育課程の二重構造性の原典にあたり、考えていきます。ここでいう原典とは、教育課程の二重構造性の提唱者である筆者の恩師、小出進先生が、その内容を直接説明した文献、『教育課程』（『精神薄弱教育講義録』（辻村泰男、松原隆三編、一九七八年、日本児童福祉協会）に所収。以下、「二重構造性論」とします）をさします。この文献は、小出進先生が教育課程の二重構造性を論じた最初期のものです。

同書は、今や入手困難ですが、「二重構造性論」は、『知的障害教育の本質―本人主体を支える』（小出進著、二〇一四年、ジアース教育新社）に再録されていますので、現在も読むことができます。他に現在、入手可能な小出進先生自身による教育課程の二重構造性を論じた文献には、『生活中心教育の理念と方法』（小出進著、二〇一〇年、K&H）があります。提唱者自身による一次資料であるこれらの文献も、ぜひお読みいただきたく思います。

では、「二重構造性論」を読み解いていきましょう。以下、特に断らない限り引用文は、「二重構造性論」からになります。

2 なぜ、教育課程の二重構造性か

「二重構造性論」の冒頭では、教育課程の二重構造性ということが、この時点では、「それほど一般化してはいない」という認識が示されています。そして、その理由を「私が最近、使い始めたのですから」とし、これが小出進先生自身による論であることを明示しています。ただし、それは、理論として整理して示したのは、小出進先生であっても、事態としては一九六三年の養護学校指導要領制定時点からであることを述べています。

このように耳新しい教育課程の二重構造性が、一九六三年の養護学校指導要領制定からいわれるようになった「合科統合に関する問題であります」としています。

「合科統合」というのは、今日の言い方でいえば、各教科等を合わせて指導することをさします。この当時は、教科の内容を合わせることを「合科」、特別活動等の領域の内容を合わせることを「統合」ということが多くありました。となると「合科統合」というと、その両者、各教科等を合わせるということになります。

つまり、教育課程の二重構造性が、「各教科等を合わせた指導」に関することであることがわかります。もっといってしまえば、「各教科等を合わせた指導」がなければ、教育課程の二重構造性も存在しなかったといってもよいでしょう。教育課程の構造図をご覧ください。下部構造の「指導の形態」にある「各教科等を合わせた指導」を手で隠してみるとどうなるでしょうか。たちまち、教育課程の二重構造性は解消されてしまいます。つまり教育内容の各教科は、指導の形態の「教科別の指導」に、教育内容の道徳科等は、指導の形態の道徳科等別の指導に、それぞれ一対一対応することになります。こうなると、もはや教育内容の分類形式と指導の形態を分ける意味は全くなくなり、教育課程は、たちまち通常の教育と同じく単構造になります。「二重構造性論」が、教育課程の二重構造性を「合科統合」の問題とすることは、まさにそのとおりだと、構造図からも理解できるわけです。

さて、「二重構造性論」では、なぜ教育課程の二重構造性が問題とされるかについて、養護学校指導要領制定時の動向をレビューしています。この内容は前章でも述べましたので、重複部分は避けますが、当時の脱教科の状況が指摘されています。小出進先生は、「既存の教科に対してひじょうに強い忌避的態度をとっていた時期」「教科といえばジンマシンが出るほど、教科をタブー視し、拒否する傾向が強かった時期」と表現しています。脱教科の状況を、辻村泰男先生の表現に匹敵する強い言葉で述べています。

にもかかわらず、法的規制等から、養護学校指導要領は教科によって教育内容を分類、組織したのでした。養護学校指導要領の作成委員会の内部でもそのことを「不本意とする人」がひじょうに多かったとされています。前述の小宮山倭先生は委員会の内部では、教科採用に肯定的意見を述べる少数派でした。小出進先生は、養護学校指導要領が作成されている当時、青鳥養護学校教諭として小宮山倭校長の下、三木安正先生が理事長を務める全日本特殊教育研究連盟（現在の全日本特別支援教育研究連盟）の事務局業務にあたっていました。したがって、小出進先生の証言は、この当時の生々しい空気を肌で感じていた当事者としての証言でもあります。

このように作成側にさえ、教科への否定的態度が強い中での養護学校指導要領制定でした。作成委員会では、「このことから起こるそれまでの知的障害教育の後退的変容、つまり悪い方向への変容をなんとか最少限に防ぐために以下の二点が強調されました」（仮名づかい等は原文どおり、一部の表現を今日的表現に改めました）といわれています。

この二点は、前章で紹介しました小出進先生が整理した二点、すなわち①教科名は同じでも内容は知的障害教育にふさわしい内容、②指導は「各教科等を合わせた指導」を認める、というものです。

「二重構造性論」では、教科採用による影響が「後退的変容」「悪い方向への変容」というように、否定的に意味づけられています。このような評価に対しては、賛否のあるところだと考えられます。しかし生活主義教育で成果をあげていた教育が、教科の採用といういわば書面上の問題で、実質的な問題である教育の中身が変化してしまうことへの警戒感ということができるでしょう。

さて、「二重構造性論」では、これら二点のうちの②にあたる部分が指導要領の解説等で強調されたといわれます。以下のように述べられています。

「旧学習指導要領（引用者注：一九六三年の養護学校指導要領）の解説書等でも、特にこの点のことが、ひじょうに強調されています。そして、領域や教科の内容を合わせて行う授業の具体的な例として、生活単元学習とか、日常の生活指導（引用者注：現在の「日常生活の指導」）とか、作業を中心とした学習（引用者注：現在の「作業学習」）などが示されたのです。さらに、こういう領域や教科を合わせて行う指導を補なうものとして、教科別学習を意味づけ、位置づけており、いわゆる四つの学習形態を例示したのです。このことを図示してみます（引用者注：図は省略、本書の前掲図が、小出進先生による図をもとに今日の教育課程の用語で示したもの）。教育内容の組織様式は上段のようにしたけれども、これを一応ご破算にして、指導する場合には、この組織様式にこだわらずに、改めて、ここで実際的な学習あるいは指導の形態を設定していいということであります。

この時点から、この教育における教育課程は一般に二重構造性もしくは二層構造性をもつことになったのです。」

ここで、教育課程の二重構造性の内容が詳しく解説されていますが、特に指摘したいのは次の二点です。

一つは、教育課程の二重構造性は、「各教科等を合わせた指導」を行うために構想されたものであるということ。養護学校指導要領の下で「各教科等を合わせた指導」を大きく位置づけて実践すれば、指導要領の示す内容の枠組みと実際の指導の名称が大きく異なることになり、結果的に教育課程が二重構造化するということもできます。

二つは、「この時点から」、つまり養護学校指導要領で教科が採用された段階から、教育課程の二重構造性が生じたという認識です。これは、「もつことになった」という表現からもうかがえるように、意図して構想されたものではなく、やはり養護学校指導要領制定による教科の採用と「各教科等を合わせた指導」の実践という両者の共存から生じたものということができます。

3 教育課程の二重構造性がもたらした誤解や混乱

次いで、「二重構造性論」では、再度、教育課程が二重構造化された理由が述べられます。「旧養護学校学習指導要領を編成する以前の、生活主義教育に徹した指導法の変容を防ぐために考えられたことだったのです」とあります。「変容」が、当時の教科論に立つ教科主義教育であったことは、これまでの文脈から明らかです。ただし注意したいのは、教育課程の二重構造性の中には、教科別学習（今日の「教科別の指導」）が、「各教科等を合わせた指導」を「補う」という教育課程上の関連付けもされた上で位置づけられているということです。この点でも、生活主義教育の脱教科は、決して教科否定ではなかったということが指摘できます。教科の内容を教科別に指導することが直ちに教科主義教育というわけではないのです。

しかし、「さて、以上のように教育内容の組織様式と指導あるいは学習の形態は別であるという点が強調され、説明されたけれども、その意図とは逆に、この教育の教育課程や指導方法に、その後、大きな変容が起こってまいりました」と小出進先生は述べます。「逆に…変容」ですので、前述の「後退的変容」という事態が起こった、それも「大きな変容」であったというのです。

そして、その変容点として二点をあげています。

一つは「教科別の指導」の拡大、もう一つは「合わせた指導」の「合科授業化」です。

一つずつ見ていきましょう。

「教科別の指導」の拡大については、次のように述べています。

「一つは、教科別学習の位置づけが著しく拡大してきたということであります。教科別学習の位置づけが拡大して、教科別学習を行う教科数も時間数も、一般に多くなってきています。ことのよしあしは別として、このことは、教育内容の組織様式と指導の形態を区別するという考え方が、十分に理解されなかったことにも起因していると思います。二重構造性については、なかなか理解しにくいところもあるようです。」

ここでは、率直に教育課程の二重構造性が理解されにくいものであることが告白されています。あえてその構造を理解するよりは、通常の教育の常識に即して、教育内容の組織様式（分類形式）に沿って、指導も行うことのほうがスムーズな理解であることは間違いありません。このような理解を促す、逆にいえば教育課程の二重構造性を理解しにくくしている要因として、小出進先生は、次のように述べています。

「（引用者注：教育課程の二重構造性という）この異なる事情を特に理解しにくくしているのは、教育内容の組織様式と指導の形態は対応しないということになっていながら、教科別学習とかあるいは領域別学習もあるからだと思います。この教育における教科別学習、たとえば国語の時間における指導は、国語として組織された内容についての指導の全部ではないのです。教科別学習での国語の指導というのは、国語の指導の一部であるという考え方をするのです。教育内容として組織された国語の内容についての指導は、日常生活の指導（旧養護学校学習指導要領解説書でいう日常の生活指導）や生活単元学習の指導の中でもなされていると考えるわけです。」

ここで小出進先生は、「教科別の指導」を否定しているわけではないのですが、あくまでそれは一部の指導であって、「各教科等を合わせた指導」でも教科の内容は指導されるという理解を示しています。

「ことのよしあしは別として」とあるように、実際に「教科別の指導」の著しい拡大の是非はおくとして（実際、優れた「教科別の指導」もあります）、それが養護学校指導要領等の誤解に基づくということを問題にしているわけです。

第二の「合わせた指導」の「合科授業化」については、次のように述べています。

「さて、養護学校学習指導要領編成以後の教育課程や指導法の変容の第二点として指摘したいのは、生活単元学習のような各教科や領域の内容を合わせて行う指導形態が、ひじょうに『合科授業化』してきたということです。すなわち、生活単元学習は各教科で組織した内容を消化するための手段として考えられ、各教科の内容を指導するための単なる技術上の工夫というように考えられ、そういう性格の生活単元学習がひじょうに多くなってきたということです。」

ここで、「合科授業」という言葉で、生活単元学習とは別の言い方での総合学習の方法論があげられています。

いわゆる総合学習には、歴史的にみて教科主義教育に位置づけられる教科指導の方法としての合科授業と、生活主義教育に位置づけられる未分化な生活そのものを指導する生活単元学習等があります。両者は実践レベルではその判別が難しい場合も少なくなく、さらには両者を判別することの意味があまりない場合もあります。しかし、その由来となる教育論の相違が厳然と存在しています。

ここで、問題にされるのは、教科主義教育の視点からの合科授業と、生活単元学習の混同です。教科主義教育の合科授業は、あくまで合科される前の各教科の内容指導の手段であり、多くの場合、知的発達段階の初期に行われます。分けるよりは合わせて指導した方が相互の教科の内容理解を助けると考えるのです。ですから、知的発達が進めば、分化していってしかるべき指導法といえます。これは教育方法としては当然あってよい指導法です。

要は、それと生活単元学習は異なる、というのが「二重構造性論」の主張です。

この混同に関して、小出進先生は、「このことは当初から予想されなかったわけではありません」とした上で、分類形式として各教科等で分け、それぞれを合わせて指導を行う一つの指導の形態として生活単元学習が位置づけられているのだから、これを合科授業と考えても不自然ではない、としています。

しかし、続けて次のように述べます。

「しかし、生活単元学習というのは、本来、各教科の内容を消化するための手段や方法ではなく、各教科等の内容に分けずに行う指導の形態であるはずです。」

ここで、改めて生活主義教育として展開された生活単元学習の本来の姿が強調されています。

そして、誤解の根元について、次のように述べます。

「本当は、各教科等の内容を分けないで指導するといいたかったはずです。しかし、分けざるを得なかったから、分けたものを、合わせて指導するといういい方しかできなかったわけです。このことが、生活単元学習等の指導の形態を各教科等の内容を消化するための手段と誤解する根元になったと思います。」

「合わせた指導」といわざるを得なかったことを認めた上で、本来は「分けない指導」であるということを述べています。この主張は、前章で述べましたように、その後の養護学校指導要領の改訂による解説で、「分けない指導」と明記されるようになりましたが、当時としてはそれがかなわなかったということでしょう。

第二の変容点の問題については、次のようにいわれます。

「第二の変容というのは、より重要な変容であります。生活単元学習が、ただ単に各教科等の内容を統合してやるというような性格を強くもった時に、果たしてそれが本来の生活単元学習といえるのかどうかという問題が出てくるわけです。生活単元学習は決して単なる合科授業ではないはずです。国語や社会、音楽、体育、図工を単に寄せ集めて指導する形態ではないはずです。ところが、そういう寄せ集め的生活単元学習が多く出てきてしまったのです。」

「教科別の指導」の拡大だけでなく、生活単元学習等も変容してしまったことを深刻に受け止めていることが読み取れます。ただ、ここで、「単なる合科授業ではない」といった表現に注目が必要です。「各教科等を合わせた指導」である生活単元学習は、寄せ集めのような教科指導ではないけれども、より良いかたちでの教科指導としても意味づけられるということがこの「単なる…ではない」には、含意されていると、筆者は考えます。

以上の二つの変容点を示した上で、「二重構造性論」は次のように事態をまとめます。

「この教育がこういう教育課程の二重構造性をとっておりますことは、以上述べましたような実践現場における誤解や混乱を招いたことは否定できないようであります。」

「以上、教育課程の二重構造性ということに関して説明したわけですけれども、要は、教育課程編成の際に、その基本構造を考える場合、上部の教育内容の組織構造と下部の指導形態の構造を明確に区別して理解しておくことが必要だということです。」

教育内容の分類形式と指導の形態を明確に区別して理解するという考え方は、直ちに受け入れにくい場合もあるのではないでしょうか。教育内容を指導するのが教育であれば、「明確に区別」というのは、直ちには受け入れがたい表現です。しかし、ここで小出進先生は、この区別を「基本構造を考える際に」するようにと述べていることに留意すべきです。

筆者はこの区別ということが、実際の教育課程編成や指導計画作成作業における教育内容と教育方法の間の分断である、という意味ではないと考えます。両者の基本的な考え方が教科主義教育に由来しているか、生活主義教育に由来しているかを明確に区別しておくということが、この構造を理解する上で必要ということであると考えます。教科という教育内容分類の枠組みは、教科主義教育の優れた研究業績です。そのような教科主義の視点で、指導の形態としての生活単元学習を考えれば、教科主義教育を基本とする合科授業となってしまいます。そうならないように、両者の由来する教育論を明確に区別しておくことが大切です。「ご破算」という刺激的な言葉も用いられていましたが、これも両者の教育論の違いを明確に、ということで理解しておくことが大事です。

4 教育課程の二重構造性の今日的意義

本章では、ここまで知的障害教育の教育課程が有する二重構造性について、それを理論的に整理した小出進先生の論から検討してきました。

さて、ではこの教育課程の二重構造性、それは今日も厳然として存在しているわけですが、今日的にどのように理解していけばよいのでしょう。

そのことについて、二つのことを述べ、本章のまとめとします。

一つは、小出進先生が述べているように、教育課程の二重構造性は、やはり理解しにくい難しいものであるということです。

この難しさは、その出自を十分に了解した上で（本書がその点でお役に立つことを願いますが）、やっと理解できるものではないでしょうか。一般に広く理解を求めるというのは、なかなか困難です。一九六三年の養護学校学習指導要領制定の当時、つまり教育課程の二重構造性が事実として成立した頃は、ちょうど特殊学級や養護学校の量的拡大が急ピッチで進んだ時期です。必然的に知的障害教育未経験の教員が、知的障害教育現場に参加してくることが多くありました。それらの教員はすでに通常の教育で教育の基本や常識を学んできた人たちでしたから、それとは全く違う知的障害教育を理解するのは困難であったのです。それでも当時は、まだ生活主義教育をつくり上げてきたたたき上げの知的障害教育教員がいました。それでも、教育課程の二重構造性を理解するのは困難だったのです。

ふりかえって今日も、特別支援教育の制度整備に即し、また特別支援教育を選択してくださる子どもの増加に伴い、特別支援学級や特別支援学校で学ぶ子どもの増加が顕著です。教育課程の二重構造性という言葉も死語になりつつある、いやすでに死語であるといってもよいかもしれない状況です。

それでも、言葉は失われつつあったとしても、事実としての教育課程の二重構造性は現在も生きています。その理解を、正しくしていく努力を欠かすことはできないでしょう。

二つは、これからの知的障害教育の充実・発展のために、教育課程の二重構造性の意義を、より積極的に、かつ正しく理解していくということが必要です。

ここで強調したいのは、二重構造の上部構造である教育内容の分類形式が本来、教科主義教育の研究業績に由来していること、下部構造である指導の形態が本来、戦後の知的障害教育における生活主義教育の実績に由来していることを正しく理解していくことです。

教科主義教育・系統主義教育と生活主義教育・経験主義教育は二十世紀には時に激しく対立し、激しい論争が行われました。それは不毛な論争といえる場合も少なくありませんでした。

しかし、その論争の過程で、両者が互いに理解を深め合ってきたのも事実です。筆者は、新指導要領が示す教育観をその実りとみていますが、知的障害教育においても両者が互いに他を排除し合う歴史を終えるために、教育課程の二重構造性はきわめて有益な教育課程構造であると考えるのです。

それは、教育課程の二重構造性を正しく理解することで、知的障害教育課程が、教科主義教育的な理解と生活主義教育的な理解の共存を、単なる折衷ではなく、調和的に実現していると考えられるからです。

これについては、次章でも今一度検討していきます。

第4章

「各教科等を合わせた指導」実践の方向

1 懸念への回答の前提

ここまで、我が国の知的障害教育の歴史の中での教科及び「各教科等を合わせた指導」にかかわる理解、歴史の過程で知的障害教育課程が有することになった教育課程の二重構造性について、検討してきました。

これらの検討を行ったのはひとえに、第1章で問題とした、特支新指導要領の実施にあたり、「各教科等を合わせた指導」実践の場で懸念される事項を解消し、知的障害教育実践のさらなる充実・発展を願ってのことでした。

本書のまとめとなる本章では、その懸念への回答を考えていきます。本書では懸念事項をさしあたり六点あげましたので、それに沿って考えていきますが、すべてに通じる前提の確認から着手していきます。

前提というならば、第2章、第3章であげてきた内容のすべてが前提ということになりますが、特にあげるとすれば、知的障害教育課程成立の特異性になります。

つまり、戦後、生活主義教育を掲げて実践を展開してきた知的障害教育が、教科主義教育の体系を有する指導要領を選択したという、歴史上、きわめて特異な経過をたどってきた点です。

異なる教育理念である生活主義教育と教科主義教育の両方の特質を有する教育課程として、知的障害教育課程が成立しているということを理解しておかなければなりません。

「異なる教育理念」と述べましたが、そのことの意味についても確認が必要です。二十世紀においては、異なることはすなわち、互いを批判し、排除するという方向を示すことがありました。しかし、今日、それぞれの教育理念は、いずれも教育史における確かな実績を有するものであり、互いに他を排除し合う関係で理解してはならないものということができます。「異なる」からこそ、それぞれがその強みを発揮し、学校教育を豊かにしていくために必要だと考えるべきです。

さて、知的障害教育課程が、生活主義教育と教科主義教育の両方の特質を有するという場合、どのようにその状態を保持しているかの確認が必要になります。

両方の特質を有するということが、単なる折衷ではないということは、すでに何度か述べていますいいとこ取りをしているわけでもありません。では、どのようなかたちで、両方の特質を有しているか、といえば、それがまさに教育課程の二重構造性による、ということになるのです。教育課程が構造化されることによって、生活主義教育と教科主義教育の両方の特質が調和的に共存しているといえます。

2 前提としての教育課程の二重構造性

教育課程の二重構造性は、今日の「各教科等を合わせた指導」にかかる懸念の回答を考える上の鍵となる概念です。これを前提に考えることで、今日的な懸念への回答を見出すことができると考えます。

教育課程の二重構造性そのものについては、前章で検討しましたので、ここでは、生活主義教育と教科主義教育が、どのように構造化されているかを考えます。

基本構造としては、教育内容の分類形式（二重構造の上部）が教科主義教育の枠組みを採用し、指導の形態（二重構造の下部）が生活主義教育の方法を採用しているといえます。

全体構造の理解としては、これでよいとしても、それぞれにより詳細な検討が必要です。詳細な検討のポイントとして考えたいのは、教育内容の分類形式が採用している教科主義教育の範囲は、あくまでもその内容の枠組みのみであるということです。具体的には、第2章で確認しましたように、二重構造性の成立段階では、教科を採用したのは教育内容の枠組みのみであり、その内容は、知的障害教育にふさわしい内容を選択・組織することとされていることに留意しなくてはなりません。

知的障害教育にふさわしい内容というのは、生活の自立に必要な内容であり、それは知的発達の段階と生活年齢に即した内容です。この教育内容論は、養護学校指導要領制定以前の生活主義教育における教育内容論を継承しているものですから、教科の内容については、生活主義教育に即して考えられてきた独自のものということになります。

しかし、そうであれば、結局は生活主義教育の教育課程であり、筆者が主張するような調和的な共存ではないのではないか、という疑念も生じ得ると考えます。分類形式では教科を確かに使っているが、その実は生活主義教育のままである、ということになってしまうのではないか、ということです。看板は教科、その実は生活、という具合です。

この疑念の正否やいかに、というところですが、歴史的に見れば、養護学校指導要領制定当時の作成委員会の意図としては、この疑念の内容は正解であると考えます。教育課程の二重構造性についても、どこまでも生活主義教育を守りたいという思いが鮮明であったからです。

しかしこの点については、実際の運用面からは、やはり調和につながるものであったと考えるのが適切です。というのも、小出進先生が指摘しているように、教科の枠組みの採用により、教科への全面否定的態度が弱まり、知的障害教育にふさわしい教科を追究するようになったこと自体が、知的障害教育における教科研究の前進に寄与したと判断できるからです。

通常の教育でも、養護学校指導要領制定期以降、別の事情で教科研究は進み、時代は下って今日、「生きる力」、生きて働く力として教科が新指導要領の新しいスタンダードになっています。これは知的障害教育が追究してきた教科論と価値観を共有するものです。とすれば、知的障害教育においても、通常の教育においてもこのような教科研究が、教科主義教育とか生活主義教育といった枠組みを調和的に昇華した（あるいは弁証法的に止揚した）営みと意味づけられます。また、よりリアルな運用面から考えれば、独自の教科といっても、その内容は、実際には通常の教育の教科と重なっている部分が少なくないという現実があります。

生活主義教育が支配的であった作成委員会による一九六三年の養護学校指導要領においても、それは明らかです。たとえば小学部の国語は、「聞くこと、話すこと」「読むこと、書くこと」で内容が整理され、「映画、劇、放送などを見たり、聞いたりして、その内容について話し合う」「ひらがなや簡単な漢字を書く」「はがき程度の簡単な通信文や日記などを書く」といった、通常の教育の国語と内容的には遜色のないものが盛り込まれています。算数についても、「簡単な加法や減法を用いる場合について知り、初歩的な計算ができる」という内容が示されています。

「生活か、教科か」と議論を戦わせると、対立関係が鮮明になり、難しい論理の応酬も始まるのでしょうが、冷静に現実を考えれば、いかに系統主義教育の教科といっても、当然生活での使用は織り込んでいるでしょうし、生活主義教育が、通常の教育における教科を完全に排除して教育内容を選択・組織することも不可能です。教科の内容は、生活の中にいくらもあるのですから。

その内容を、教師が系統主義教育的に受け止めて指導するか、生活主義教育的に受け止めて指導するか、で養われる力の質に変化が生じることはあったとはいえ、教育課程の構造上は、生活主義教育の内容を、それまで相反すると考えられていた教科の枠組みで分析・整理したことの意義は大きいのです。

つまり、教育内容の分類形式として教科を採用したことは、教育内容についても、生活主義教育の内容として教科を意味づけつつ、通常の教育における教科と相通じる部分を生かしながら、その内容を精練していく方向を示すことになったといえます。

特支新指導要領では、教科の目標及び内容の示し方を、通常の教育における新指導要領と揃えました。この作業は、一九六三年の養護学校指導要領制定で、教科という枠組みを通常の教育と共有した作業に相通じます。生きて働く力としての教科という共通の価値観の下では、この作業は、一九六〇年代前半に比べて、容易になったものと判断します。

そして、現代においても、あとは教師がその内容を「生きる力」として指導するか、かつての系統的な知識のように指導していくか、で養われる力の質、ひいては教育の質が左右されることもかつてと同じです。

3 教育課程の二重構造性が導く思考

本書が取り上げている「各教科等を合わせた指導」に関する懸念は、教科の問題と直結するものばかりです。

教育内容としての教科を、どのように理解するか、が懸念の解決に大きく影響します。この点で、教育課程の二重構造性の上部構造が示す理解を今一度確認しておきます。

重要なことは、教育内容の分類形式としては、教科の枠組みを採用している、ということの一点です。つまり「各教科等を合わせた指導」はその出自において間違いなく生活主義教育の方法であり、教育内容も子どもの生活の自立に必要な内容に尽きるのですが、その教育内容に関する事項は、すべて教科という視点から説明が可能である、ということです。

生活主義教育の方法で指導する内容を教科主義教育の視点から説明できる、ということは、特筆すべき調和であると、筆者は強く考えています。

ただし、筆者には、ここでもう一つ強調したいことがあります。それは、そのように教育内容を教科で説明できるからといって、「各教科等を合わせた指導」が生活主義教育の方法であるというその出自、その本質を見失ってはいけない、ということです。もしそこを見失ってしまうと、養護学校指導要領制定に尽力した先人が危惧した、「寄せ集め学習」に陥ってしまうことになります。

逆に、「各教科等を合わせた指導」の出自・本質をしっかり押さえておいてこそ、「各教科等を合わせた指導」が優れた生活主義教育の方法であると同時に、優れた教科指導法でもあるということがいえるのです。優れた教科指導法でもあるというのは、そこで指導される教科の内容が、生活の文脈に位置付いた生きた力、実際的な力として学べるという点にあります。このような力は、まさに現代の教育が必要としている教科であったのですから、その意味で、「各教科等を合わせた指導」の教科指導法としての先進性を、今日正しく理解しておきたいのです。

以上を前提として、第１章で整理した六つの懸念への回答を試みましょう。

4　懸念①「知的障害教育教科の独自性の希薄化」への回答

懸念①は、特支新指導要領が、通常の教育の新指導要領と各教科の目標及び内容の示し方や表現を基本的に揃えたことで、これまで積み上げてきた知的障害教育の教科の独自性が希薄化してしまうのではないかということでした。

独自性の希薄化は、本質的には生活の自立を目指した教科の内容が、系統的な教科の内容に置き換えられてしまうのではないか、生活で使えない知識・技能の習得になってしまうのではないか、というところにあります。

これは、筆者自身もあり得ると考えます。ただし、この懸念は、一九六三年の養護学校指導要領制定に際して、教科を内容の枠組みとして採用した際に、経験済みでもあります。そして、その懸念が現実のものとなってしまったという苦い過去も、知的障害教育は有しているわけです。

通常の教育における教科が有している、系統主義教育の傾向、あるいは誘惑は拭いがたいものがあります。これは現代にあっては知的障害教育に限ったことではなく、だからこそ、小学校や中学校、高等学校の新指導要領でも、そのことへの注意を喚起し、「育成を目指す資質・能力」「主体的・対話的で深い学び」などを強く訴えているのだと考えます。

この懸念が現実になってしまうことを回避する術は、新指導要領が示した教科の趣旨を教師一人ひとりがしっかりと理解していくことしかないのではないかと、筆者は考えます。

その意味で、特支新指導要領が教科の目標及び内容の示し方を「育成を目指す資質・能力」に即したことには、大きな意義があります。単なる知識・技能ではなく、生きて働く力として教科をとらえる視点を、「育成を目指す資質・能力」に即して確認していくことが大事です。その具体化にあたっては、懸念⑥にある観点別評価を積極的に取り入れていくことが有効です。これについては後述します。

新指導要領の教科の趣旨をしっかり押さえておくことに加え、知的障害教育においては、すでに見てきましたように、知的障害教育の歴史の中で大切にされてきた教科の趣旨をしっかり押さえておくことも重要です。そうでないと、字面で通常の教育の教科、それもかつての系統主義教育に著しく偏った教科と同じと理解して指導してしまいかねません。

教科の目標や内容の表現も、可能な限り通常の教育の教科に揃えられました。このこと自体は、新指導要領が示す教科観と、知的障害教育が大事にしてきた教科観の間で、今日価値観が大いに共有できることを念頭に置けば、そうしてしかるべきことです。小宮山倭先生が述べていた「相通用するものは、通用させねばならない」という姿勢が、インクルーシブ教育システム構築を目指す今日、いっそう重要です。

あとは、教師の意識の問題です。教師がそのことで、かつての通常の教育における教科指導に引きずられてしまい、新指導要領の目指すところを失わないようにしなければならないでしょう。とはいえ、教科という言葉は、強いイメージを有していることは、知的障害教育史が証明しています。授業研究会等を通して、相互に立つべき基本姿勢や基本理解を確認し合っていくことも必要です。

教科という言葉が、「育成を目指す資質・能力」の文脈から理解されれば、問題はないのですが、そうではないイメージで理解されることが大いにあるというリスクを、現場で共有し、対応策を検討していかなければなりません。

5 教科の「見方・考え方」

ところで新指導要領では、各教科等の「見方・考え方」ということが強調されています。各教科で、「見方・考え方」についての記述があります。筆者は、この「見方・考え方」を正しく理解していくことも、懸念①を実質的に解消する方向につながるのではないかと考えます。

特支新指導要領から、「見方・考え方」に関する記述を引用します。いわゆる「主体的・対話的で深い学び」の実現にかかわって、以下のように述べられています。

「特に、各教科等において身に付けた知識及び技能を活用したり、思考力、判断力、表現力等や学びに向かう力、人間性等を発揮させたりして、学習の対象となる物事を捉え思考することにより、各教科等の特質に応じた物事を捉える視点や考え方（以下「見方・考え方」という。）が鍛えられていくことに留意し、児童又は生徒が各教科等の特質に応じた見方・考え方を働かせながら、知識を相互に関連付けてより深く理解したり、情報を精査して考えを形成したり、問題を見いだして解決策を考えたり、思いや考えを基に創造したりすることに向かう過程を重視した学習の充実を図ること。」

また、特支新指導要領の解説（総則編）では、「各教科等を学ぶ本質的な意義の中核をなすものであり、教科等の学習と社会をつなぐものである」と明記されています。

つまり、生活の中で、各教科等の「見方・考え方」を働かせることで、各教科等の学びが、生活の中で生きた力として活用できることが期待されているということができます。よりよく生きるために、各教科等の「見方・考え方」が必要だというのです。

今日、教科を「育成を目指す資質・能力」の視点から理解していく上で、「見方・考え方」の正しい理解は有用です。

かつての系統主義教育に傾斜した教科の理解に立つならば、各教科等それぞれに固有の学問的な系統性があり、そのような「見方・考え方」を身につけることで、学問的な専門性が高まりました。しかし、それらの系統性は、ともすれば、日常生活から遊離した、使えない力となってしまってはいなかったでしょうか。そのような反省から、生きて働く力として教科が必要とされるに至ったことを理解しておく必要があります。

かつての教科の理解で、生活の中にそれらの「見方・考え方」を取り入れたら、きっと「理屈っぽい」「現実的ではない」と、いわれてしまいかねません。実はこれは筆者自身の苦い実体験でもあります。系統性に傾斜した理解で教科の「見方・考え方」を実社会で使えば、「社会はそんな理屈では回っていない」「世間を知らないね」などと一蹴されてしまうこともあります。

ことがらを具体的に理解するために、もう少し筆者の実体験を述べます。

今でもよく記憶していることなのですが、国語の時間に、いわゆる名作に出合うと、決まって「ああ、このお話は教科書で出合いたくなかったなあ」と思ったものでした。

なぜなら、どんなに心を震わせる名作であっても、ひとたび教科書に掲載されたら、それはたちまち、新出漢字のリストと化してしまうからです。感動的な一文が、分解され、分析され、時には同じ意味の表現を探すドリルの素材になっていくのでした。このようにして、身についた文学への「見方・考え方」が、本物の生活に生きるとは考えにくいのです。

しかし、新指導要領での学びでは、このようなことがあってはならないし、そのような反省から新指導要領の教科観があると、筆者は考えます。

今日、国語の授業で物語を学ぶとき、もはや筆者の時代のようなことはまれになっているのではないでしょうか。筆者も通常の学級の国語の授業を参観させていただくことがありますが、授業の中で「こんな読み方もできるんだ」「ここはこういう意味か」など発見させていただけることが少なくありません。「そういうふうに読んだことなかったな」「なるほど」「この作家の他の本も読んでみたい」などの気持ちになれる国語の授業にこそ、新指導要領が願う国語における「見方・考え方」があるといえます。

筆者は一九七〇年代、つまり通常の教育が系統主義教育の教科を徹底させ、その歪みが顕在化

した時代に、小学校生活をしていました。先ほどの国語の例は、そのような時代背景の下での経験です。しかし、一方で、国語の時間の宮沢賢治の『やまなし』の授業が、「クラムボンってなんだったんだろう」という謎を、実に今日にいたるまで筆者の心の中に残してくれたのも事実です。成人した筆者は宮沢賢治の愛読者にいつしかなっていたわけですが、当時の国語の授業にも、さまざまな制約にあってなお、生きた「見方・考え方」を見出すことができると思うのです。過去の実践者の不断の授業づくりの努力の上に、今日の新しい教育観が成り立っていることも、忘れてはいけません。

教科を生きて働く力として認め、「育成を目指す資質・能力」の視点から「見方・考え方」を検討していくことは、通常の教育、知的障害教育の別なく必要であり、そのような作業の日常化が、教科という言葉が有するイメージの変革につながるのではないかと考えます。

6 懸念②「『教科別の指導』中心への移行」への回答

第1章で懸念②を取り上げた際に述べましたが、特支新指導要領やその解説は、従前に比べ、「教科別の指導」を中心に記述されているとも読めるところがあります。

特に「教科別の指導を行うほか、必要に応じて…合わせて指導を行うなど」という表現は刺激的です。必要がなければ「各教科等を合わせた指導」は行わない、ということにもなりますし、国語的にはそれは正しい読みです。

これらの点は、一つにはインクルーシブ教育システム構築の流れを指摘できます。なるべく通常の教育と同じ構造で、特別支援学校の指導要領も構成するということであれば、「教科別の指導」は、通常の教育の教科指導法と形態上は同一ですので、表記において優先されるのは当然といってよいでしょう。

それから、冷めた見方をすれば、必要がなければ、「各教科等を合わせた指導」は行わなくてよいのです。学校教育は歴史的に教科主義教育を軸に展開されてきました。そして、その成果を否定することはできません。ですから、必要がなければ、あえて生活主義教育の方法である「各教科等を合わせた指導」を採用することはないのです。

しかし、すでに見てきましたように、知的障害教育の歴史においては、教科による学習から始まり、必要があって、生活主義教育に舵をきったのでした。その経過を押さえておくことが重要です。

また、「必要に応じて」という趣旨の表現は、「各教科等を合わせた指導」の法的根拠である、学校教育法施行規則第一三〇条の二に、従前より「特に必要があるときは、…合わせて授業を行うことができる」と明記されています。この「特に必要があるときは」の文言は同施行規則において、一九七一年の養護学校指導要領第一次改訂の段階ですでに見られるものです（当時は学校教育法施行規則第七十三条の十一②）。その意味で、特支新指導要領は、学校教育法施行規則の規定に即した記述をしているのであり、冷静に受け止めることが必要です。学校教育の基本はどこまでも通常の教育の方法です。それでは対応できないことから特別支援教育が必要になったことを考えれば、「各教科等を合わせた指導」もまた特に必要とされた方法の一つであると考えればよいのです。

また歴史的に見ても、知的障害教育が、「教科別の指導」の有効性を否定した時代はなかったこともすでに述べました。脱教科が徹底された時代に、「教科別の指導」を嫌った人はいたとしても、その実践は生活の自立を目指して、ていねいに積み重ねられてきました。「教科別の指導」が指導としてよいものになることを願うこと自体は、不当ではないのです。

ただし、特支新指導要領や解説を読んだことで、「教科別の指導」の位置づけを大きくし、「各教科等を合わせた指導」の位置づけを小さくしていくという流れが生まれてしまうことには留意が必要です。おそらく懸念②の本質はここにあるのでしょう。

このリスクはあると、筆者も考えます。これもまた一九六三年の養護学校指導要領が教科を採用したことで、実際に起こったことでした。それが繰り返されることは大いにあり得ますし、筆者の知る範囲でも実際に起こっています。

ただ、一九六三年当時と今日で大きく違うこととして、知的障害教育も多様化が進んでいることがあります。この多様性を認めるのであれば、「各教科等を合わせた指導」の縮小を企図する実践現場を直ちに批判することは不適切です。むしろ多様性を認め合う中で、新指導要領の趣旨を正しく理解し、「各教科等を合わせた指導」の充実を図っていくことこそが大事な姿勢でしょう。

かつての「生活か、教科か」の不毛な対立を再燃させてはいけません。

その一方で、なぜ知的障害教育が「各教科等を合わせた指導」を大切にしてきたのかを、第2章で見てきましたように歴史的に、そして現場での実践の手応えとして、正しく理解していく努力も求められます。

7 懸念③「合わせる各教科等の内容の明示化」への回答

特支新指導要領や解説の記述に基づき、「各教科等を合わせた指導」を行う場合、各教科等のどの内容を合わせているのかを検討することが求められていることへの懸念です。

このことは、生活主義教育の方法として「各教科等を合わせた指導」を理解する限りにおいて、反発があるのは当然です。

すでに見てきましたように、「各教科等を合わせた指導」は、未分化で総合的な生活による教育です。「分けない指導」と意味づけられるこの方法で、何の教科を合わせているかという議論は合科授業への変容につながることが懸念されるのも当然のことです。この懸念は、一九六三年の養護学校指導要領制定によって、生活単元学習等が合科授業と誤解された事実と合致します。

筆者自身も、このことによって、一九六三年当時と同じことが起こることには懸念をもちます。つまり生活単元学習等が、「寄せ集め学習」になってしまうことへの懸念です。ただし、筆者は、「寄せ集め学習」にならないように努力することと、指導要領が示す何を合わせているのかの検討や、各教科等の目標及び内容に照らした学習評価などを行うことは別のことであると理解しています。

小出進先生も「単なる合科授業ではない」と述べているように、知的障害教育が、「各教科等を合わせた指導」の教育内容を各教科で示すことを決断したときから、未分化の生活であっても、その構成は、各教科等の内容から理解するという方法が採用されたのです。

つまり、懸念③への回答にこそ、教育課程の二重構造性の正しい理解が求められるのです。教育内容論としては、「各教科等を合わせた指導」も教科による説明が、あたかも教科主義教育の授業と同じようにできると考えます。

子どもの生活の自立を教師は願います。一授業、一単元レベルでは、そこでの活動に生き生きと取り組んでほしいと願います。そしてそう願う姿には、かならず子どもの力の発揮があります。その子にそう願う理由は、その力の発揮を期待するからです。でなければその活動はそもそも計画しないでしょう。そのような生活の中で発揮される力、発揮してほしいと願う力を、教科の内容として把握することも、教育課程の二重構造性の下では可能です。かつての生活主義教育が領域での内容分析・整理を試みたときのように、教科で内容を把握することを避ける必要はありません。

そう考えれば、その単元や授業で、どのような教科に指導の重点が置かれているか、ということは容易に明らかになります。その作業を、何を合わせているのかという表現に変換することは、教育課程の二重構造性を正しく理解していれば、なんら躊躇することではありません。

ただし決して忘れてはいけないことは、生活の内容は、各教科等の内容から構成されている（だから全部を合わせれば分けないといえるのでした）ことを、各教科の内容を組み合わせて（寄せ集めて）生活ができていると誤解してはいけないということです。「各教科等を合わせた指導」では、あくまでも子どもが生き生きと取り組む豊かな生活を展開していくことを追究しなければいけません。

単なる合科授業ではない、ということは、生活そのものの中にある教科を生きて働く力として実際的・総合的に学習できる優れた合科授業である、と理解していなければなりません。「各教科等を合わせた指導」は、単なる合科授業ではなく、優れた合科授業であらねばならないのです。

8 懸念④「各教科等の授業時数の明示化」への回答

特支新指導要領の解説（各教科等編）に、「指導に要する授業時数をあらかじめ算定し、関連する教科等を教科等別に指導する場合の授業時数の合計と概ね一致するように計画する必要がある」とされていることからの懸念です。

第1章でも述べましたが、これは基本的に懸念③に含まれるもので、「寄せ集め学習」への懸念に直結します。

ここでも、「各教科等を合わせた指導」を構成する教育内容としては、教科で分析可能であるという前提に立って、概ねの授業時数を算定していくことで対応可能な懸念です。

教育課程の二重構造性をとって以来、「各教科等を合わせた指導」の内容は、教科主義教育の視点でも、生活主義教育の視点でも、いずれでも解釈可能になったことを承知して、行っていけばよいと考えます。

ただし、「各教科等を合わせた指導」での内容の総合性は、各教科の内容がそれぞれ有機的に関連しながら存在している側面と、一つの内容が複数の教科の内容として重複カウントできる（つまり一つの活動が多義的である）という側面もあります。

有機的に関連しながら存在している、ということはこういうことです。たとえば、単元「バザー」では、製品作りや装飾は図画工作、会計は算数、チラシ作りは国語…、というように、バザーという一つのテーマ、一連の活動の中で、自然で実際的にそれぞれの活動が、それぞれに意味あるかたちで展開されます。これらの活動は、教科別に独立して展開することももちろん可能ですが、このようにやりがいのある生活として一つの文脈の中で展開されることで、やりがいをもって意欲的に、かつ実際的な力として学ぶことができます。

活動が多義的である、ということはこういうことです。たとえば、「花の水やり」という活動を五分間行う場合、この五分間で植物の生長を考え（理科）、美しさを鑑賞し（図画工作）、心に美しさを言葉にし（国語）、学級園をきれいにしようと努め（道徳）、時間を意識して活動し（算

数）…と、さまざまな、そして一つひとつがその子にとってかけがえのない大切な学びがあります。これをこの子は、五分間の中で一分ごとに行っているわけではなく、すべてをこの五分間で目いっぱい行っているのです。

これら二つの側面が、未分化で総合的な指導を効果的なものにしているということもできます。人為的に、「三分が国語、次の四分は算数、次の二分は音楽…」というように組み合わせるということは、教科主義教育における合科授業でも推奨されないでしょう。その点では、総合性の理解は、合わせることを軸とする教科主義教育における合科授業でも、分けないことを軸とする生活主義教育の生活単元学習等でも共通です。

ですから解説の記述も「概ね」一致するように、としているのではないかと考えます。むしろこの記述は、「各教科等を合わせた指導」では多様な教科の内容を学ぶのだから、それだけしっかりと授業時数を確保すべきという趣旨で理解する方が現実的です。

いずれにしましても、ここでも「各教科等を合わせた指導」は教科という内容から構成されているという内容理解をすることが可能な教育課程の二重構造性に依拠していくことが求められます。

9 懸念⑤「各教科等による学習評価」への回答

これも第1章で述べましたように、懸念③に属するものといえます。特に特支新指導要領の解説（総則編）にある、「各教科等を合わせて授業を行う際には、（中略）各教科等の目標及び内容に照らした学習評価が不可欠である」という記述をもって、教科ごとに学習評価をすれば、「各教科等を合わせた指導」の評価が教科ごとに分けられ、本来の「分けない指導」としての学習評価から逸脱するのではないかという懸念です。

筆者はこの懸念の現実化も、大いにあり得ると思いますが、筆者自身の教師経験の中では、この作業を実際に行っていたこともあり、正しく行えば、「各教科等を合わせた指導」が優れた教科指導でもあることを示すことができると考えています。

筆者は、「各教科等を合わせた指導」を大きく位置づけた学校に勤務していましたが、その評価を年度末の指導要録に記載する際には、要録の書式に即して教科別に記載していました。そこで苦労した記憶がほとんどないのです。指導要領の解説にあった教科の具体的内容を参考に、生活単元学習や日常生活の指導の場面を思い浮かべれば、「これは国語の内容」「これは数学」のように、欄ごとに内容を書き込んでいく作業は苦になりませんでした。苦労した記憶は、ペンでの清書で失敗できないなあ、ということぐらいでしょうか。

教育課程の二重構造性が「各教科等を合わせた指導」の内容を教科でも示せるとしていることをふまえれば、その作業は難しいことではありません。

「各教科等を合わせた指導」の学習成果を、その中で指導される教科の目標及び内容に照らして評価していくことも当然可能です。むしろ、その授業が、子どもが生き生きと活躍する授業になっていれば、そこには、子ども一人ひとりの確かな力の発揮があるはずです。そこで確かに発揮された力を教科として把握し、評価すれば、それは教科の学習評価としてもよい評価としてアウトプットされます。子どもの生き生きとした姿の実現を、教科の内容習得・活用等の視点からも評価していくことができるのです。

ただし、その場合、注意しなければならないことが二つあります。

一つは、一つひとつの教科の学びの達成状況を評価する以前に、その授業が「各教科等を合わせた指導」として目標としていた、生活上の目標や課題の成就を評価していくことです。これは「各教科等を合わせた指導」の本来の評価です。

たとえば、単元「牧場で働こう」で、子ども一人ひとりが、精いっぱい働き、満足感・成就感をもてているかという生の姿を評価することが大事です。そのように評価された姿の中に構成されるさまざまな教科の力の発揮があるからです。生活としての未分化な本来の姿の評価を確実にしておくことで、教科別の評価をしても、その評価が生活の文脈から逸脱することは回避できます。

逆に子どもの生活における本来の姿の実現を確認せず、活動の中での教科の力を探してしまうと、そもそも生活には多様な教科が含まれていますから、その単元や授業の目標に即していないものを拾ってしまうこともあり得ます。あくまでも単元や授業本来の目標とその達成をしっかり押さえておくことが大事です。

「本来の」とは、すなわち、生活主義教育の実践としての、ということを意味します。

生活主義教育と教科主義教育が調和的に共存するということを崩してはいけないのです。

二つめに注意しなければならないことは、やはり学習評価をする教科の理解です。教科ということ、どうしても系統的な内容に傾斜して理解されがちです。もっといえば、生活から遊離したかつての教科理解、生活概念と対立するものとしての教科としての理解になりがちです。そこは本書で何度も述べているように十分な注意が必要です。

ここで評価を求められている教科が、「育成を目指す資質・能力」としての教科であることを忘れてはいけません。そうでなければ、教科をふまえて学習評価を行うことが、「寄せ集め学習」に道を開くことになります。

なお、「各教科等を合わせた指導」を教科別に学習評価する場合、評価対象となる教科は、その単元や授業で主に指導されているものに絞った方が現実的です。本来、「各教科等を合わせた指導」は各教科等に「分けない指導」ですので、理論上はすべての教科の内容を含んでいることになります。ということで毎回の評価ですべての教科で評価していてはたいへんです。また人の生活全体は、すべての教科の内容をその生活にふさわしいバランスで未分化に含んでいます。でも、生活の一コマである単元や授業では、展開される教科の量には濃淡や粗密があって当然です。その濃淡や粗密は、単元のテーマや主な活動によって変わってくるものです。たとえば、単元「コンサートをしよう」であれば、当然、音楽の内容が主なものになります。また、単元「バザー」であれば、図画工作（ものづくり）や算数（会計）などが主になります。

どの教科を評価するかは、単元のテーマや主な活動によって判断するのが妥当です。

10 懸念⑥「観点別評価の実施」への回答

この懸念は、そもそも従前、通常の教育におけるようには、観点別評価を行ってこなかったことにもよりますが、やはり懸念⑤と同様に、観点に分けて評価することが、生活そのものを未分化に指導する「各教科等を合わせた指導」の本質を歪めるのではないかということに問題の所在があります。

したがって、解決の方途も、懸念⑤への回答に準じます。すなわち、「各教科等を合わせた指導」の単元や授業本来の目標とその達成をしっかり評価しておくことが必須です。このことをしっかり押さえておかなければ、観点別評価版の「寄せ集め学習」をもたらしかねません。むしろ、「各教科等を合わせた指導」本来の目標の達成の中に、観点別に評価した場合にも、豊かな成果が見出されることが確認できればと願います。

観点別評価については、「育成を目指す資質・能力」に即して三つの観点が示されていることから、これを積極的に行ってよいのではないかと筆者は考えます。「育成を目指す資質・能力」に即して学習評価をすることが、知的障害教育が大切にしてきた「各教科等を合わせた指導」の意義に合致していると考えるからです。また、通常の教育と同じ観点による学習評価を行うことで、「各教科等を合わせた指導」の成果を、通常の教育の教師にも理解しやすくすることができるとも考えます。

二〇一九年一月に中央教育審議会初等中等教育分科会教育課程部会が発出した「児童生徒の学習評価の在り方について（報告）」では、観点別評価を、「知識・技能」「思考・判断・表現」「主体的に学習に取り組む態度」の三観点で行うこととしています。これらは、「育成を目指す資質・能力」の三つの柱である「知識及び技能」「思考力、判断力、表現力等」「学びに向かう力、人間性等」に対応しています。つまり、観点別評価を実施することで、教科の理解についても、新指導要領が目指す生きて働く力としての理解を促すことができるのではないでしょうか。

実際に観点別評価を行う方法も多様であってよいと考えます。

通常の教育でしばしば行われるように、三観点ごとに評価項目を示して箇条書きのように評価を記載することもあるでしょう。ただし、この分割しての記載には、観点別評価版の「寄せ集め学習」への道を開くリスクが伴うことは避けられません。だからこそ、単元や授業本来の未分化で総合的な生活そのものの目標とその達成を前提として評価していくことが必須です。

「児童生徒の学習評価の在り方について（報告）」では、「知的障害者である児童生徒に対する教育を行う特別支援学校の各教科においても、文章による記述という考え方を維持しつつ、観点別の学習状況を踏まえた評価を取り入れる」とされています。文章によって、単元での子どもの姿を実際の生活に即して記載する評価の中で、三観点を意識して子どもの姿を叙述していく方法もあり得ます。

11 まとめ

「各教科等を合わせた指導」は、本来は生活主義教育の指導法であることは、決して否定できません。それどころか、生活主義教育の指導法であるからこそ、成果を認められてきたのです。生活主義教育の指導法であることに、その本来の、そして本当の価値があります。

この価値が、教科という概念を持ち込むことで歪められたり、損なわれたりすることがあってはなりません。かつての「生活か、教科か」の対立は、そのことを恐れての対立でもありました。ですから必然的に、その対立の着地点は、いずれかの立場の排除ということに通じていました。

知的障害教育も、歴史的に見れば生活主義教育の徹底期において、その対立の渦中にありました。その事態を大きく変更することになったのが、一九六三年の養護学校指導要領制定時に、教育内容の枠組みとして教科を採用したことでした。その時点で、知的障害教育課程は二重構造性を有することになり、以来、生活主義教育課程でありながら、教科主義教育課程の特質も有することになったのです。

この特異な教育課程は、小出進先生が指摘するように、わかりにくいものであることは、今日においても変わらないと筆者は考えます。

したがって、教科による指導要領やその解説を読む際に生まれる戸惑いも、教科の名称によらない生活単元学習等の指導に接した際の戸惑いも、今日まで実践現場にしばしば見出されてきました。

さらに、特支新指導要領は、インクルーシブ教育システム構築の努力の過程で、知的障害教育課程の記述や規定を、通常の教育と共有する方向を示しています。そのことが、「各教科等を合わせた指導」のあり方を教科の視点から問い直し、前述のさまざまな懸念を引き起こすことにつながっています。

しかし、インクルーシブ教育システム構築の努力を止めることはできません。共に学ぶ仕組みの構築を前進させていくことには、筆者も強く賛成します。

だからこそ、今、知的障害教育が歴史の過程で獲得してきた教育課程の構造上の特質を正しく理解する努力をしなければならないと考えます。

新指導要領を読むにつけ、生活主義教育・経験主義教育と教科主義教育・系統主義教育の対立は、すでに過去のものになりつつあることを認識します。新指導要領には、両者の対立を超えた、現代の我が国の学校教育の到達点をみることができます。

しかし、対立が過去のものになりつつあるとはいえ、両者が互いに相異なる教育理念であることもまた、事実です。異なるからこそ、互いに認め合い、高め合い、教育を質的に豊かにしていくことができるのです。新指導要領に見られる到達点は、このような文脈で理解すべきものと考えます。

知的障害教育においても、二つの教育理念の調和的な共存が求められます。そのために、歴史上、期せずして生まれた特異な教育課程構造が、今、大きな力を発揮する時ではないかと、筆者は考えています。

付章

「各教科等を合わせた指導」の魅力

1 はじめに

「各教科等を合わせた指導」の魅力は、その概念や指導法のあり方などを正しく理解することで自ずと明らかになります。ですから、「各教科等を合わせた指導」の概念や指導法をていねいに解説することが、その魅力にたどり着くためには必要です。しかし、それらは、特支指導要領の解説等に詳細ですので、それらに譲り、本章では、「各教科等を合わせた指導」の魅力を、現場目線で述べてみたいと思います。

「各教科等を合わせた指導」は、特支指導要領の解説では、日常生活の指導、遊びの指導、生活単元学習、作業学習の四つの指導の形態が紹介されています。そのうち、「各教科等を合わせた指導」の中で最も伝統のある生活単元学習をはじめ、遊びの指導、作業学習の三つの指導の形態（以下、本章では、「遊び・生活単元・作業」）の活動内容は、子どもの生活の中心となるべきものです。一方、日常生活の指導の活動内容は、子どもの生活の中心となる活動ではなく、日々繰り返される日常的な活動です。

遊び・生活単元・作業と日常生活の指導、それぞれに魅力があります。共通する魅力もありますし、違った魅力もあります。

そこで、以下では、違った魅力ということで、遊び・生活単元・作業には「学校生活の思い出となる魅力」、日常生活の指導には「学校生活の思い出にならない魅力」をあげ、それぞれについて魅力を述べます。その上で、これらの「各教科等を合わせた指導」に共通する本質的な魅力を考えます。

2 学校生活の思い出となる魅力

先日、筆者が養護学校（現在の特別支援学校）高等部教師時代に担任をした男性と約二十年ぶりに再会しました。挨拶もそこそこに彼の口から出た言葉は、

「一緒に山、歩いたね」

でした。

高等部では当時、県内の山を歩いて越えていく生活単元学習「合宿」に取り組んでいました。彼と筆者は同じグループで励まし合いながら、三泊四日の行程を歩ききったのです。ゴールの宿を目前に、不覚にもヘトヘトになっていた筆者に、「もうすぐ着くから」と声をかけ、手を引っ張ってくれたのが彼でした。

二十年ほども前の、この単元「合宿」は、筆者にも現場教師時代の思い出深い生活でしたので、

開口一番そのことを話してくれた彼の言葉が、とてもうれしく思えたことでした。

もう一つのエピソード、数年前、校長として着任した特別支援学校でのこと。この学校も、筆者の現場時代の学校に負けないくらい「各教科等を合わせた指導」が元気な学校でした。ある日、朝の職員室に小学部の子どものご自宅から電話がかかってきました。子どもが体調を崩しているのだが、学校に行きたいといっているという相談でした。

もちろん大事をとって休むように担任は話しましたが、学校に行きたいという思いでいる子どもの姿に、生活単元学習を中心に据えていた小学部の生活の魅力を感じたところでした。

「各教科等を合わせた指導」を実践している先生方であれば、以上のエピソードと同様の経験を、きっとなさっていると思いますが、いかがでしょうか。

遊び・生活単元・作業は、それぞれのライフステージで学校生活の中心（コア）になる学習です。ですから、それらの学習がよいかたちで展開されれば、子どもにとってその生活は、「今日に満足し、明日を楽しみに待つ生活」（筆者の恩師、小出進先生の言葉）になります。そしてそれは、時を経れば、かけがえのない思い出になります。

そんな生活をつくれるのが、「各教科等を合わせた指導」の大きな魅力です。

小学校等の卒業文集を開くと、学校生活でのたくさんの思い出が綴られています。しかし残念なことに、「私の思い出は算数の授業です」「あの日の国語の授業が忘れられません」という作文に接することはあまりありません。教師が力を注いでいるこれらの授業が思い出にあげられないのは寂しいことかと思います。でも、遊び・生活単元・作業の授業は、教師が力を注ぎ、よい授業、よい生活がつくれれば、子どもたちの中に確かな思い出として大切に残されます。

それは、子どもが仲間と共に、本気で精いっぱい取り組んだやりがいと手応えのある生活であったからだと思います。新指導要領の心に即して言えば、「育成を目指す資質・能力」を発揮した「主体的・対話的で深い学び」が実現できていたからこそだと思うのです。遊び・生活単元・作業が、新指導要領の心を具体化しているとみることができます。

もとより、新指導要領の心は、通常の教育の国語や算数などにおいても実現されるべきことです。大村はま先生の国語の授業のように、教え子たちの心に今も刻まれ続けるような授業は、国語や算数でも当然あるし、授業をするならそのような授業を追究すべきこともいうまでもありません。通常の教育の教科の時間も、子どもにとっては、かけがえのない生活の一コマだからです。

3 学校生活の思い出にならない魅力

日常生活の指導は、子どもの日常生活が充実し、高まるように行われる指導です。主な活動は、子どもが日々習慣的に繰り返す諸活動になります。具体的には、着替え、食事、トイレなどの身辺処理にかかわる活動や、係の仕事、掃除、朝の会・帰りの会などの毎日の役割や習慣にかかわる活動などが該当します。

これら日常生活の指導の諸活動は、遊び・生活単元・作業といった中心的な活動の前後に展開され、決して生活の中心となる活動ではありません。時間的にも一つひとつはそれほど多くの時間を要しません。トイレに行くことを最大の楽しみにして学校に行くということは、考えにくいものです。でも、もしもこれらの活動の一つでもスムーズにいかず、つまずいてしまったらどうでしょう。その活動ばかりでなく、その日のその後の生活によくない影響を与えてしまうのではないでしょうか。

筆者の担任した自閉症の児童には、朝の靴の履き替えで靴紐がほどけてしまっただけで、その日の生活が不安定になってしまった人がいます。トイレで服をちょっと汚してしまったことで、その後の生活に不自由をしてしまうこともあります。日常生活の指導での不具合は、時として苦い思い出として残ってしまうこともあります。

余談ですが、先日久しぶりに筆者の小学校時代の卒業文集を開いてみました。懐かしいひとときでしたが、なんと複数の友人が、筆者がおなかを壊して苦労していたエピソードを書き残していました！　生来おなかの弱い筆者は、確かに小学校時代トイレでずいぶん苦しんでいました（注：今も時々）が、そんな苦い思い出が友人たちの思い出にもなっていることを発見して、思わず苦笑いです。

日常生活の指導というのは、うまくいけばいくほど印象薄く過ぎていきますが、つまずけば苦い思い出として残ってしまうという性格があるのではないでしょうか。でもだからこそ、教師にとっては失敗できない、子どもが主体的に、生き生きと生活するために不可欠の指導なのではないでしょうか。

そして、筆者は「印象薄く」と述べましたが、もちろん一つひとつの活動の遂行には、その活動なりに、「首尾よくできた」という確かな手応えがあってこそ、スムーズに過ぎていけるものです。

思い出にならない生活となるように、教師は力を注ぐというのは、逆説的ですが大切な努力で

学校生活の
充実は
肌ざわり!
先生方の
ガンバリで!
自信!
ヒラメキ!
勇気!
各教科等を合わせた指導

す。子どもの生活の中心にはならない日々の習慣的な活動一つひとつを支え、子どもの日常生活が当たり前の自然な生活になることが日常生活の指導の大きな魅力です。

また、日常生活の指導がよいかたちで展開されれば、中心的な活動である遊び・生活単元・作業(「教科別の指導」を中心にしていれば「教科別の指導」の各授業)も充実します。日々の習慣的活動につまずきなく取り組めれば、中心的な活動にも安心して取り組めるからです。

その意味で、日常生活の指導とは、その活動自体の充実だけでなく、生活全体の充実につながる指導でもあります。

さらに、その逆も成り立ちます。中心的な活動が充実していれば、日常生活の指導の諸活動もスムーズになります。やりたい活動、楽しみな活動が待っているので着替えが早くなるとか、その日の活動をやり遂げた満足感から穏やかに帰りの準備ができるとか、といったことがあります。遊び・生活単元・作業と日常生活の指導は相補い合う関係にあるということができます。

4 学校生活全体の充実

以上のように、「各教科等を合わせた指導」が充実すれば、子どもの学校生活全体が整い、生き生きと、主体的な生活になります。これは新指導要領の示す「カリキュラム・マネジメント」に重なるものです。学校生活がバラバラであったり、やりがいや手応えに欠ける生活であったりすれば、生き生きとした主体的な生活は実現しにくくなります。

子どもが生き生きと、主体的に学校生活に取り組めること、ここに「各教科等を合わせた指導」すべてに共通する本質的な魅力があります。

そして、充実した学校生活自体に、大きな教育力があります。筆者は本章で「生き生きと」とか、「主体的」とかいう言葉を使ってきました。このような姿を見出すためには、子どもの思いを感じる教師の感性や主観が不可欠です。

教師の主観というのはときにあまり評価されませんが、筆者は実は教師にとって大切なものだと考えています。「生き生き」「主体的」ということ自体が子ども本人にとって、そもそも主観的なものです。だからこそ、そのことに共感できる感性や主観が、教師には必要なのです。そして、質の高い主観には、きちんと説明のできる根拠も伴います。それは、子どもがその活動に確かに力を発揮している姿です。

子どもの確かな力の発揮が認められてこそ、生き生きとした主体的な生活は、具体化され、実現します。

筆者の恩師である小出進先生が提唱した「できる状況づくり」論では、どの子にも、精いっぱい取り組める状況と首尾よく成し遂げられる状況をつくることがいわれます。ここでいう精いっぱい取り組む姿も、首尾よく成し遂げる姿も、子どもが力を発揮して取り組む姿として具体的に把握されるべきものです。

このような力の発揮が、学校生活全体で実現できれば、そこで発揮される力は確かな力として子どもたちの中に養われていきます。学校生活全体の充実は、学校生活全体で発揮される子どもの力の確かな育ちをも意味します。

生活の中で発揮されるこれらの力が、知的障害教育がこれまで大切にしてきた各教科等の内容になります。そして、このような各教科等のとらえ方、つまり生活の中で発揮される力としての各教科等は、新指導要領の教科等の考え方に一致すると筆者は考えます。その意味で、「各教科等を合わせた指導」は優れた各教科等の指導ということができます。

5　共に活動する魅力

最後に、筆者の中で「各教科等を合わせた指導」の最大の魅力と思うことを述べます。それは、子どもと教師が思いを共にし、活動を共にすることができる魅力です。生活の中で思いを重ね、一緒に活動する。ここには、子どもと教師の支え合う姿が実現します。

それは、社会の中で、よい人間関係において必ず実現している姿ではないでしょうか。互いが互いを思いやり、同じ目標をもってそれぞれの力を発揮し、支え合う姿です。まさに共生社会といわれる社会のあるべき姿です。

しかし、教育の場では、今なお教育目標「自立」を、「人の助けを受けずに一人でできること」ととらえがちです。そのため、教師は子どもへの支援をなるべく減らし、子どもだけで活動を遂行する姿を理想として掲げます。その結果、子どもと教師の間には、いつも距離が生じます。かたちの上では共に活動していても、教師の心の中には、子どもの思いとは異なる「ねらい」が存在していることもあります。

しかし、真の自立とは、互いに支え合うことにこそあるのではないでしょうか。誰かを必要として、誰かがいてくれるからこそ頑張れる、というのが本当の、リアルな自立ではないでしょうか。

であれば、教師が、子どもと思いを共に、活動を共に、精いっぱい取り組む生活には、リアルな自立が伴います。「各教科等を合わせた指導」では、そのような生活が実現できること、そしてそこには、一般的な教育の枠を超え、教師もまた子どもがいてくれることに支えを感じ、共に生活することに喜びを感じる生活の実現があると思います。

冒頭で紹介しました約二十年ぶりに再会した彼は、単元「合宿」の生活において、ヘトヘトになり、歩くのもおぼつかなくなっていた筆者を、確かに支えてくれました。彼に手を引かれて宿にたどり着いたとき、彼と筆者の間には得がたい満足感・成就感の分かち合いがありました。

筆者が「各教科等を合わせた指導」の魅力から離れられない理由が、実はここにあります。

あとがき

本書を作成している間にも、現場の先生から、特支新指導要領にかかわっての「各教科等を合わせた指導」についてのお尋ねをいただきました。いつの時代も現場は悩みながら、道のないところに道をつくっていくとはいえ、本書が少しでも、「各教科等を合わせた指導」にかかわる疑問や懸念の解決にお役に立てればと願います。

本書は、第1章から第4章までを、「まえがき」にある目的に即して書き下ろしました。第2章で紹介している歴史史料は、筆者の博士論文『戦後知的障害教育における生活中心教育の教育課程及び指導法の変遷に関する研究』（二〇〇七年、兵庫教育大学大学院連合学校教育学研究科）他、筆者のこれまでの論文作成の過程で収集したものを主に用いました。

本書で活用した文献は、読者のみなさまがすぐに参照できるように、基本的に本文中の当該箇所で（　）で示しましたが、第2章については、引用文献が多岐にわたることから、学術論文に準じた示し方とし、章末に文献リストを置きました。

付章は、『特別支援教育研究』№７４０（二〇一九年、東洋館出版社）に掲載した筆者の論説に加除修正を行い、本書に加えました。

本書は、前著『わかる！　できる！「各教科等を合わせた指導」』に続き、教育出版の阪口建吾さんにお忙しい中お力添えをいただき、出版することができました。また、教育出版東北文社の石垣雅彦さんにも、前著同様、お力添えをいただきました。知的障害教育の時代の要請を受け止めてくださったお二人に心よりお礼を申し上げます。

本書で、みなさまのお役に立てる部分があるとすれば、それらは筆者が、恩師である小出進先生から教わったことによるものです。とりわけ、「教育課程の二重構造性」は、小出先生の膨大かつ重要な研究業績の中でも、知的障害教育課程論及び知的障害教育史に特筆すべきものです。

いつまでたっても頼りない弟子である筆者を粘り強く指導してくださった小出進先生への感謝を記して本書を閉じます。

二〇二一年十月

名古屋恒彦

索　引

名古屋　恒彦（なごや　つねひこ）

植草学園大学教授
1966年生まれ。千葉大学教育学部卒業，千葉大学教育学研究科修了。

博士（学校教育学　兵庫教育大学）。

千葉大学教育学部附属養護学校教諭，植草学園短期大学講師，岩手大学講師，同助教授，同准教授，同教授（在任中，岩手大学教育学部附属特別支援学校長）を経て現職。

全日本特別支援教育研究連盟副理事長，日本発達障害学会評議員・「発達障害研究」常任編集委員，日本発達障害連盟理事。

主な著書に，『わかる！　できる！「各教科等を合わせた指導」―どの子も本気になれる特別支援教育の授業づくり―』（教育出版，2016年），『アップデート！　各教科等を合わせた指導～豊かな生活が切り拓く新しい知的障害教育の授業づくり～』（編著，東洋館出版社，2018年），『「各教科等を合わせた指導」エッセンシャルブック　子ども主体の学校生活と確かな学びを実現する「リアルの教育学」』（ジアース教育新社，2019年）ほか。

「各教科等を合わせた指導」と教科の考え方
知的障害教育現場での疑問や懸念にこたえる

2022年1月26日　第1刷発行

著　者　名古屋恒彦
発行者　伊東千尋
発行所　教育出版株式会社
〒135-0063 東京都江東区有明3-4-10 TFTビル西館
電話 03-5579-6725　振替 00190-1-107340

印刷　神谷印刷
製本　上島製本

ISBN 978-4-316-80499-6 C3037